KB093880

핵심 실무 중심
창업 방법론

복준영·이지훈 지음

핵심 실무 중심
창업 방법론

발행일	2020년 2월 28일
지은이	복준영 · 이지훈
펴낸이	최민서
기획	추연민
책임 편집	신지항
펴낸곳	(주)북페리타
등록	315-2013-000034호
주소	서울시 강서구 양천로 551-24 한화비즈메트로 2차 807호
대표전화	02-332-3923
팩시밀리	02-332-3928
이메일	bookpelita@naver.com
값	20,000원
ISBN	979-11-86355-09-1 (93320)

본서의 무단 복제 행위를 금하며, 잘못된 책은 바꾸어 드립니다.

청년층이 창업을 고려하면서도 실제 뛰어들지 못하는 이유는 '실패'에 대한 두려움 때문이라는 조사결과가 있다. 한 취업포털 기업이 20·30대 780명에게 창업을 생각해 본 적이 있는지를 조사한 결과, 응답자 44.1%가 창업을 고려해본 경험이 있지만 '창업을 꺼리는 요인'이 무엇인지 물어보니 '실패에 대한 위험 부담'이 51.0%로 가장 높았다. 뒤를 이어 '초기 투자 필요'가 18.5%, '일정 소득을 보장받을 수 없다'가 9.7%로 나타났다. 이에 반해 창업에 긍정적인 이유는 '자신의 능력이나 기술을 마음껏 발휘할 수 있다'가 42.1%로 나타났으며 일반 조직처럼 제약이 따르는 것이 아니라 역량 범위 내에서 최대한의 자유를 누릴 수 있다는 장점 때문에 창업을 선택하고 있는 것으로 분석되었다.

청년층 뿐 아니라 중장년층에게도 창업이 두렵기는 매한가지다. 예비창업자가 갖고 있는 두려움은 '미래의 불확실성'에 따른 '위험'이 가장 큰 부담일 것이다. 미래의 불확실성에 따른 위험부담을 지지 않거나 이를 최소화하는 방안이 존재한다면 창업의 활성화로 이어질 수도 있으며 미래의 불확실성이 창업의 매력적 포인트로 여겨지기도 한다. 오히려 이러한 불확실성에 관한 '인식의 개선'이 더욱 필요하다. 한 가지 개선되어야 할 인식은 창업이 처음부터 너무 크고 자본이 많이 드는 것으로 오해하고 착각하는 것에서 비롯된다. 창업을 자신의 역량과 형편에 맞게 시작하면 '두려움'이 '자신감'으로 바뀌고 '위험부담'이 성공의 '기대감'으로 변화할 수 있다. 두려움을 극복하기 위한 가장 기본적인 자세는 '실패를 두려워하는 것으로부터의 자유'라고 말할 수 있다. 누구든지, 어떠한 상황에서도 실패할 수 있다. 실패를 통해 배우는 교훈이 있다는 것도 잘 알고 있지만 그럼에도 불구하고 선뜻 나서지 못하는 것은 작은 성공을 쌓아나가는 연습과 자세가 오히려 부족한지 생각해보아야 한다.

창업은 크게 벌이는 것이 아니라 가능한 한 작게 시작하는 것이다. 창업은 작지만 소소한 문제를 해결하는 고객이 체감할 수 있는 가치를 찾는 것으로부터 시작해야 한다. 또한 창업은 남들이 귀찮아하거나 불편해 하는 것들에 대한 한 가지 해결책을 제시하는 아이디어로부터 시작할 필요가 있다. 창업에 관한 두려움과 막연함을 해소하기 위한 기본적인 원칙과 기준을 본 서적은 제시하고 있다. 시중에는 수많은 창업과 관련된 서적들이 나와 있지만 주로 창업에 관하여 가장 기본적으로 충실해야 하는 원리와 기준보다는 창업과정과 창업 이후의 투자를 받는 것에 편중되어 있다. 이에 본 서적은 창업을 위한 기본 사항과 정보는 물론 스스로 창업할 수 있는 자세 및 세부적인 방법과 절차를 알려준다.

 본 서적이 가장 강조하는 부분은 '현장 중심'이요 '실무적인 접근방법'이다. 창업에 관한 다양한 이론이 나와 있음에도 실무적으로 창업자 스스로 학습하고 배워나가기에는 아직도 어렵게 느껴지고 쉽게 접근하기 곤란하다. 필자는 대학에서 학생들을 강의하고 지도하기에 앞서 수십 년간 산업과 기업 현장에서 다양한 경영기법으로 크고 작은 성공을 경험하였다. 또한 스스로 창업하여 단기간에 많은 실적과 성과를 거두기도 하였다. 필자 역시 창업에 따른 두려움을 경험하였고 지식과 정보만으로 창업하기에 어렵다는 사실을 익히 경험하였다. 하지만 필자의 경험과 정보로부터 창업에 대한 두려움을 이긴 방법은 작게 시작하고 남들이 귀찮아하며 무시했던 분야를 좀 더 정교하고 가치 있게 만드는 작업을 시작했을 뿐이다. 수년 동안 창업현장에서 이루어지는 교육프로그램에 참여하고, 투자자들을 만나는 동시에 예비창업자들이 경연하는 공모전과 발표대회를 다녔다. 직접 경험하고 느낀 창업과정에서 아쉬운 점은 좀 더 간결하고 이해하기 쉬운 방법론에 대한 욕구였다. 이에 실무적으로 예비창업자가 활용할 수 있는 창업방법론을 준비하게 되었다. 아직까지 창업에 대한 방법을 구체화한 서적은 많지 않다. 많은 교육 프로그램이 실행되고 있지만 구체적으로 어떻게 해야 하는지는 예비 창업자들에게 맡겨둔다. 물론 필요한 시행착오는 반드시 겪고 극복해야 할 수 있지만 기본적으로 창업자들의 머릿속에 떠오를 수 있는 가이드라인의 필요성을 느꼈다. 본 서적은 예비창업자, 대학생 등 창업에 대한 두려움과 막연한 상상으로 접근하려고 하는 사람들을 위한 기초적인 창업방법론이다. 또한 직접 현장에서 겪어보고 필요하지 않다고 판단되는 부분들은 과감히 제외하였다. 모쪼록 본 서적을 통해 창업에 대한 열망이 식지 않고 지속적인 사업 아이디어를 개발하여 미래의 불확실성을 줄여갈 수 있는 창업이 되길 바란다.

제1장
창업의 이해

제1장
창업의 이해

제1절 창업의 개념

「중소기업창업지원법[1]」에 규정된 창업 제2조(정의)에서는 창업은 "중소기업을 새로 설립하는 것"으로 정의하고 있으며, 동법 시행령[2] 제2조(창업의 범위)에서 중소기업을 새로 설립하여 사업을 개시하는 것으로 제외대상[3]을 규정하고 있다. 창업이 아니라는 제외대상은 중소기업을 새로 설립하여 사업을 개시한다고 하더라도, 기존의 사업을 승계하거나, 분리운영, 개인사업자의 법인전환, 폐업 후 재 개업 등의 경우에는 창업으로 볼 수 없다고 규정하고 있다.

학술적인 측면에서 Allen(1961)은 창업을 '기존 업체 중 분명한 모기업이 없이 새롭게 형성된 기업'으로 정의하고 있다. 즉, 인적·물적 자원을 결합하여 기업목적을 달성하기 위하여 상품이나 서비스를 조달, 생산, 판매하거나 그와 부수된 활동을 수행하는 것으로 일반적인 기업경영의 정의와 일맥상통하며, 개인 또는 집단이 자신의 책임하에 자금과 인력을 동원하여 새롭게 사업을 시작하는 것이다(이신모, 2002). 다만 새롭

---

1) 중소기업창업 지원법 [시행 2016.1.7.] [법률 제12960호, 2015.1.6., 타법개정]
2) 중소기업창업 지원법 시행령 [시행 2016.1.19] [대통령령 제26905호, 2016.1.19, 일부개정]
3) 중소기업창업 지원법 시행령 제2조(창업의 범위)에 규정된 '창업 제외' 유형

제1장 창업의 이해 **13**

게 설립된 기업이라도 기존의 자회사와 모기업 없이 독립적으로 설립된 회사일 경우에 창업이라고 보는 것이 타당하다(김용웅·차미숙, 1994). 일부에서는 창업을 '성장 잠재력이 충분히 있는 사업의 창조' 개념으로, 창업 단계뿐만 아니라 자생력을 갖게 되는 단계까지를 창업의 과정에 포함시켜야 한다고 주장한다(허정국, 2000).

이처럼 창업은 '자원을 투입하여 재화와 서비스를 생산하는 시스템을 구축하는 것'으로 창업을 '새로운 부를 창출하는 능력으로 기존의 모든 자원을 투입하는 혁신적인 행위'로 정의하는데(Drucker, 1985), 기본 전제는 창업이 자원을 투입하여 수익을 창출하는 기업행위 및 과정활동이라는 점이다. 즉, 기업을 창업한다는 것은 재화나 서비스를 생산·판매하는 하나의 시스템을 구축하는 일이며(김종재, 1993), 아이디어와 자본을 통해 특정재화나 서비스를 생산하는 시스템(박춘엽, 1991)이라고 볼 수 있다. 창업이란 아이디어, 자본, 시설, 종업원 등을 갖추고 일정한 재화나 서비스를 생산하는 시스템을 구축하는 것으로 정의하기도 하며(김재식, 1997), 창업자가 창업 아이디어와 일정한 사업목표 아래 생산 요소를 적절히 결합하여 제품생산 등에 적합한 기업을 세우는 것으로 제시하기도 하였다(백형기, 1999).

국내외에서 정의된 학술적인 측면의 창업에 관한 정의는 기업경영과 거의 유사한 맥락이거나 동일하며 창업 자체로서 주목할 특징은 '새로운 사업'(신규사업)을 개시하기 위하여 필요로 하는 생산 요소가 적절히 결합이 되어야 하며, 기존사업의 추가적이거나 혹은 확대 운영하는 것과는 다른 요소와 시스템이 필요하다는 것이다. 하지만 기존 정의에서는 '새로운 시장 또는 새로운 고객'의 목표를 간과한 부분이 있다.

정리하면, 창업은 '새로운 아이디어와 자원(시간, 자금, 인력)을 통해 시장과 고객이 새로운 가치와 편익을 경험할 수 있는 재화와 서비스로 전환시키는 활동'이다. 이밖에 혁신가인 Shumpeter(1943)는 창업을 하나의 과정으로 설명하였으며, 새로운 방법으로 낡은 방법을 파괴하는 '창조적 파괴' 활동으로 정의하고 '혁신'을 새로운 일을 하는 과정으로 정의하면서 중요한 구성개념으로 제시하였다. 구체적으로 '혁신'은 새로운 아이디어와 자원을 새로운 제품·서비스 및 과정으로 전환시키는 활동으로 설명하고 있다. 이에 김종찬(2008)은 Shumpeter(1943)의 '혁신' 개념에 기초한 창업의 정의를 토대로 창업을 '자원을 새로운 방법으로 결합 또는 재분배하여 부의 창출 및 증식기회를 제공하는 수단인 창조적 활동'으로 정의하고 있다.

창업은 '새로운 아이디어'를 통해 '새로운 시장과 고객가치'를 실현하고 구체화하는 일련의 '창조적', '혁신적' 활동이며, 가치실현에 필요한 '자원'이 마련되어야 하며 '기존과는 차별화된 사업 아이템'이 필수적인 요소인 동시에 '차별화된 사업 아이템'은 '새로운 기술', '새로운 운영방식', '새로운 시스템'이 필요하다. 이는 기존 시장과 고객에게 새로운 가치를 제공하여야 하며 이를 위해서는 미래의 기업가인 창업자에게 각별한 인내와 끈기, 창조성, 혁신성이 요구된다고 할 수 있다. 여기서 '기존과는 차별화된 사업 아이템'과 '새로운 가치창출'은 기존 시장과 고객이 겪고 있는 다양한 문제점을 해결하는 방법과 방식을 제안하는 것이며, 제안을 통해 기존 시장과 고객은 새로운 가치를 발견하고 경험함으로써 새로운 편익과 혜택을 누릴 수 있는 것이다.

제2절 창업의 구성요소

그렇다면, 창업에 필요한 요소는 과연 무엇일까? 학자들마다 다양한 논의가 있지만 종합적으로 정리하면 '창업자', '아이디어', '자본'을 일반적으로 3대 요소로 제시하고 있다(박춘엽, 1997; 서정민, 1999; 신금순, 2002). '창업자'는 창업의 주체이며, 기업설립에 필요한 자원 동원, 의도하는 시스템 즉, 기업의 형태가 될 수 있도록 조직화한다. 조직화 외에도 창업자는 설립할 기업이 목적을 달성할 수 있도록 전체적인 방향을 수립하고 관리 규칙을 만들어야 한다. 이를 위해서는 창업자의 기업경영능력, 개인적 가치관 등은 기업의 성패에 큰 영향을 미칠 수밖에 없다. '아이디어'는 설립되는 기업이 무엇을 생산하고 서비스를 제공할 것인가를 나타내는 것이며, 생산품은 재화 또는 용역의 형태가 될 것이다. 아이디어는 창업자 또는 창업 구성원의 일원으로부터 획득한 것일 수 있으며, 창업 구성원에 소속되지 않은 제3자로부터 얻어질 수도 있다.

여기서 말하는 제 3자란 경쟁사 또는 고객을 의미한다. 창업에서 실수 중의 하나는 창업 기업 내부에서 아이디어가 도출되어야 한다는 편견과 착각인데 사실상 많은 성공 창업기업의 경우 성공 아이디어는 시장의 경쟁사와 고객이 직간접적으로 제공한 경우가 많다. 아이디어는 생산 활동을 수행하는 결과로서 창업의 목적인 수익을 발생시킬 수 있어야 하며 성공적인 창업으로 이어지기 위해서는 해당 아이디어를 사업기회로 발전시키는 전략과 노력이 있어야 한다. 아이디어만으로는 기업이 성립될 수 없으며 이익을 발생시킬 수 있는 전제조건으로 만족되어야 사업이 성립될 수 있다는 전제가 담보되어야 한다. 이처럼 아이디어와 그것이 사업화될 수 있는 전제조건과 환경을 통합적으로 갖추는 것을 지칭하여 사업기회라고 한다(Timmons, 1985).

마지막으로 '자본'이란 기업을 설립하기 위하여 필요한 금전적인 요소를 의미하며 사업에 필요한 토지, 기계, 기술, 인력 등의 물적 자원들은 동원 가능해야 한다. 자본은 창업자 자신이 출자할 수도 있고, 창업 팀에 속한 여러 사람이 제공할 수도 있으며, 창업과 경영에 참여하지 않는 제3자로부터 조달될 수도 있다. 서정민(1999)는 창업의 핵심요소에 대해 세부적으로 명시하고 있으며 〈표 1-1〉과 같다. 신금순(2002) 역시 창업의 기본적인 3요소로 창업자와 사업아이템, 자본을 제시하면서, 사업아이템과 자

〈표 1-1〉 창업의 구성요소

창업자 (사업자의 자질)	창업자본 (자금의 조달과 운용능력)	창업아이디어 (개발 및 기술능력)
■ 목표설정 및 달성 능력 ■ 인간관계 능력 ■ 커뮤니케이션 능력 ■ 자기목표와의 경쟁 ■ 실패처리 능력 ■ 자신감 및 신념 ■ 위험부담 및 처리능력 ■ 능동성 및 책임감 ■ 추진력 ■ 불확실성 대응능력 ■ 창의적 사고능력 ■ 내·외부 자원활용능력 ■ 기술적 지식 ■ 계수 감각 ■ 연령 ■ 가족환경 ■ 지역과 배경 ■ 유사업종경험 등	■ 자금의 조달 방법 · 자기자본(자본구조) · 타인자본(차입구조) ■ 자금의 운용(투자)방법 · 시설자금(고정 자금) · 운전자금(변동 자금) ■ 종합적 재무활동(최적자본 구성) · 유동성(현금흐름, 지급능력) · 수익성(이익, 채산성) · 균형성(조달과 운용의 균형)	■ 아이템 개발 가능성/기술능력 · 핵심기술 내용 및 특성 · 사업화 가능성 및 전망 · R&D 과정 및 개발일정 ■ 아이템의 특성 및 경쟁력 · 기술의 우위성 · 가격 경쟁력 · 대체기술 출현 가능성 · 기술특허 현황 · 기술도입의 가능성 · 기술의 변화 ■ 생산능력 · 생산인력 보유정도 · 시설확보 능력 및 정도 · 설계·개발 능력 · 원·부자재 조달 능력 ■ 원가 추정 · 원단위 산출 · 원가의 변동정도 · 설비구입 및 레이아웃 ■ 생산형태 · 양산 가능성 · 생산규모 등

출처: 서정민(1999: 33–35) 참고

본은 피동적인 요소이며 창업자, 즉 기업가는 기업을 이끌어 가는 능동적인 요소라고 구분하였고 창업에 있어 창업자의 재능, 지식, 경험 등은 창업 기업의 효율성, 기업의 적응력, 성장 등에 미치는 영향이 크기 때문이라고 창업자의 자질과 역량이 매우 중요하다고 하였다.

제3절 창업의 현황

2018년을 기준하여 창업지원을 통한 일자리 창출을 주요 정책으로 추진하면서 창업기업의 수는 매년 증가하는 추세다. 2013년 7만 5,574개에서 2017년 9만 8,330개로 지난 5년간 연평균 6.8%의 증가율을 보였으며, 2017년 기준 전체 신설 법인 수를 비교하면 주요 업종별 비중은 제조업이 21.0%, 도·소매업이 19.8% 순으로 나타났다. 하지만 국내 창업기업 5년 차 폐업 통계를 살펴보면 예술, 스포츠, 여가서비스업이 83.2로 가장 심각하게 나타나고 있으며, 흔히 말하는 모텔, 펜션 등의 숙박업과 음식점업(82.1%), 일반 서비스업(77.5%), 도·소매업(75.8%), 교육 서비스업(75.6%) 등으로 창업 이후의 안정적 유지가 어려운 것으로 나타났다. 창업에 관한 OECD 주요국의 5년 후 생존은 평균 40.9%로 나타났는데, 이는 국내 업종 중 가장 높은 생존을 보인 제조업(38.4%)보다도 높은 수치이다.[4] 우리나라 창업기업의 생존율이 OECD 주요국에 비해 부족한 상황이며, 업종 간에도 생존율 편차는 아직까지 큰 편이며, 특히 생계형 창업 비율이 23.9%로 미국 11.4%, 영국 13.5%보다 높은 것이 현실이다.

최근 창업에 관한 조사 결과를 보면, 창업을 결심한 시점부터 실제 창업까지 준비기간은 평균 10.4개월이 소요되는 것으로 나타났다. 평균적으로 10개월 정도의 준비기간이 소요된다는 의미이며, 창업자의 이전 직종을 살펴보면 경영 관리직이 가장 높은 26.8%로 나타났고, 다음으로 일반사무직 24.1%, 기능생산직 18.6%, 영업판매직 16.7%, 연구기술직 8.6%, 단순노무직 5.1% 순으로 나타났다. 창업에 있어 중요한 창업직전 교육의 경우, 창업 교육을 받은 응답은 17.9%로 나타났고, 경험이 없는 응답은 82.1%로 나타나, 창업 교육을 제대루 이수하지 않는 사람들이 창업에 뛰어드

---

4) 파이낸셜 뉴스, 한영준 기자, 2018년 10월 04일

는 경우가 아직은 높은 비율을 차지하고 있다. 이는 창업 실패 또는 앞서 언급한 폐업에 영향을 미치며 창업 시 장애요인으로는 '창업자금 확보에 대해 예상되는 어려움'이 가장 높은 66.3%로 나타났고, 다음으로 '창업실패 및 재기에 대한 막연한 두려움' 28.0%, '창업에 대한 전반적 지식, 능력, 경험의 부족 23.5%, 창업 준비부터 성공하기까지의 경제활동(생계유지) 문제' 13.2% 등 순으로 나타났다[5].

5) 창업기업식태조사 중소벤처기업부, 창업진흥원 공동, 2018년

소속 ....

성명 ....

❶ 창업의 정의에서 '새로운 아이디어와 자원(시간, 자금, 인력)을 통해 시장과 고객이 새로운 가치와 편익을 경험할 수 있는 재화와 서비스로 전환시키는 활동'이라고 할 수 있는데, 창업의 관점에서 기존 사업과 신규 사업의 개념을 비교하시오.

....

....

....

....

....

....

....

....

....

....

....

....

....

❷ 창업은 '새로운 아이디어'를 통해 '새로운 시장과 고객가치'를 실현하고 구체화시키는 일련의 '창조적', '혁신적' 활동이라는 측면에서 '새로운 시장과 고객가치'를 구체화하기 위해 필수적 요소에 대해 논하시오.

❸ 창업을 위한 기본적인 3대 구성요소와 구성요소에 대하여 간략히 설명하시오.

❹ 창업은 창업자의 자질과 역량이 성공과 실패를 좌우하는데 창업자가 갖추어야 할 자질과 역량에 대해서 논하시오.

제2장
창업의 유형

제2장
창업의 유형

제1절 독립창업과 일반창업

성공적인 창업을 위해서는 창업자의 적성과 개성에 맞는 창업 유형을 선택하는 것이 중요하다. 창업을 결심한 이후에는 창업자 자신의 역량과 자질, 경험과 지식을 바탕으로 자신에게 가장 적합한 유형이 무엇인지 찾아야 한다.

우선 업종에 따라 제조업, 도·소매업, 서비스업 창업으로 크게 구분할 수 있고 구체적으로 1인 창업자 개인의 독립창업, 프랜차이즈가맹창업, 기술기반의 혁신창업, 모방창업, 무점포창업 및 소호창업 등의 다양한 창업유형이 존재한다.

예를 들어 제조업 창업은 창업자 자신이 새로운 제품을 연구, 개발하여 원재료를 바탕으로 가공하거나 전혀 새로운 아이디어 제품을 생산, 제조, 유통, 판매하는 것이다. 제조업의 경우 처음부터 대량생산을 위한 설비와 장비를 갖춘 제조시설을 생각하기보다는 완벽한 시제품부터 완성시키는 것을 생각해야 하며, 만약 아이디어가 있다면 아이디어를 실제로 구현해줄 수 있는 기존 제조, 생산업체를 탐색한 뒤 시제품을 완성하고 이에 따른 개당 생산단가를 고려하여 대량생산 할 때의 수익, 판매유통 경로, A/S 등을 고려하여 창업을 추진할 수 있다.

도·소매업 창업은 일반적으로 유통 또는 플랫폼 사업이라고도 하는데 주로 기존의 제품 또는 서비스의 판매에 관련된 중간 거래상인 도매 및 소매점의 창업을 의미한다. 가령 (건강)식품회사 또는 농축수산물, 가공제품 등에 대해 특정지역을 중심으로 소매상에 판매하거나 통신서비스와 같은 무형의 제품을 취급하는 대리점 창업을 생각할 수 있으며 그 종류는 헤아릴 수 없을 정도로 많다. 서비스 창업이란 노동 인력을 보유하였다가 필요한 곳에 소개해준다거나 대리운전 및 배달원을 소개하는 등 사업지원 서비스를 의미한다. 편의성을 추구하는 소비가 지속적으로 증가하기 때문에 서비스업의 창업 또한 앞으로도 매우 활발하게 전개될 것이다. 이처럼 다양한 창업 유형이 존재하기 때문에 창업자는 자신의 적성과 지식, 경험 등에 적합한 창업 유형을 선정할 필요가 있으며 어떠한 창업 유형이 존재하는지 구체적으로 살펴보기로 하자.

제2절 기술창업과 모방창업

창업의 유형을 김용정(2014)은 '혁신기술과 지식을 창출하는 기업의 창업'에 해당하는 '기술창업'과 그 외 '일반창업'으로 구분하였는데, 기술창업은 제조업, 전문서비스업, 지식산업 등에서 신기술 또는 아이디어를 통해 생산과 판매활동을 수행하는 것으로 정의하였다. 기술창업에 관해서 삼성경제연구소(2004)는 벤처, 기술혁신, 혁신선도, 기술 집약형 기업의 창업을 포괄하는 것으로 제시하였다. 김대호(2009)는 기술창업을 벤처기업, 이노비즈기업 등 고용이나 부가가치 창출이 높은 기술집약적 기업의 창업으로 정의하였으며, Bailetti(2011)은 기술 분야 창업기업(Technology entrepreneurship)에 대하여, '회사의 소유가치와 창조를 목적으로 과학기술 지식의 발전과 밀접하게 관련된 특정 개인과 다양한 자산들을 모으고 배포하는 프로젝트에 대한 투자'라고 하였다.

창업분류	사업유형	사업수행 형태	특성
기술창업	■ 제조업 ■ 전문서비스업 ■ 지식문화사업	■ 신기술 또는 새로운 아이디어를 가지고 제품 및 용역의 생산과 판매활동을 수행하는 형태	■ 고위험-고수익 ■ 고성장을 통한 중견기업으로의 성장 가능성
일반창업	■ 일반서비스업 ■ 도소매업	■ 음식점, 미용업, 기타 일반상품을 단순 유통하는 등의 일반적 사업형태	■ 낮은 진입장벽, 빈번한 창업 및 소멸 ■ 소자본 창업으로 일반적 영세성, 낮은 부가가치

자료: 기술보증기금. 김용정(2014). 재인용

그러나 기존 창업 유형에서 기술창업 또는 모방창업으로 구분하기 쉽지 않은 것들도 존재한다. 많은 창업 기업들이 모방적 창업인 것처럼 보이지만 혁신적인 요소를 많이 포함하고 있는 경우도 있다. 가령, 음식점 창업에서 같은 음식을 제공하는 식당도 조리법, 맛, 분위기 등에 있어서 기존의 식당들과 크게 차별화되는 경우도 존재하고, 기존에 크게 다루어지지 않던 식재료 또는 기술을 활용하여 전문적인 창업하는 경우도 기술성이 강한 모방창업이라고 할 수 있다. 식재료의 경우 대부분이 식재료가 대량으로 나오는 계절에 따른 식단과 메뉴상품을 변경하는데 최근에는 계절에 상관없이 수급이 가능한 해산물 등의 경우 식재료의 전문성을 살려 음식점을 창업하는 경우가 많다. 이와 같이 기술혁신 요소가 일부 포함될 경우 모방창업이라고 분류할 수 있다.

제3절 혁신창업과 생계창업

GEM(2011)은 기업 활동에 관한 지수 측정 연구[6]를 수행하면서 창업을 동기에 따라 구분하여 '혁신(기회형) 기업'과 '생계형 기업'으로 정리하였는데, 혁신창업을 첨단 기술 및 지식을 바탕으로 해당 산업에서 선도하는 형태의 창업으로 보았으며, 생계창업은 생계유지를 위한 다른 대안이 없어 창업을 한 경우로 요식업 및 도소매업 등이 해당한다고 설명하며 '혁신형(기회형) 기업'과 '생계형 기업'의 구분하였다.

이처럼 창업동기 또는 혁신정도에 따라 혁신창업으로 구분해 볼 수 있는데, 혁신창업은 기술, 경영, 제품 등에 있어서 기존의 사업과는 크게 다른 형태의 창업을 의미한다. 주로 핵심기술, 요소기술 등을 기반으로 한 창업이 해당되며 빅데이터, 블록체인, 인공지능 또는 AR/VR 등 보유한 핵심기술을 바탕으로 새로운 발명품의 사업화로 볼 수 있다. 반드시 발명품은 수준은 아니지만 시장을 새롭게 만들어 내거나 기존 시장에서 해결하기 어려운 문제를 핵심기술 및 제품, 서비스로 해결하여 새로운 시장을 창출하는 것을 의미한다. 혁신 창업의 대부분이 기술(벤처) 창업인데, 첨단 기술이나 새로운 아이디어를 사업화하는 창조적이고 기술집약적인 중소기업을 단기 목표로 한다.

기술 집약형 사업으로 매출액과 당기 순이익에서 높은 성장률을 기대할 수 있으나, 반면에 일반적인 창업보다 위험성이 높은 유형으로서 사업영역으로는 인터넷 관련 서비스, SNS, 모바일 서비스, 소프트웨어 등 IT 분야, 신약 개발, 백신개발, 유전자 치료 등 BT 분야, 초정밀 소재, 반도체 소재 개발 등 NT 분야가 있다. 기술력을 인정받

---

6) GEM(Global Entrepreneurship Monitor): 1999년부터 미국 BABSON 컬리지와 영국 런던경영대학이 창업에 관한 국제공동연구보고서를 발간하고 있으며, 2012 Global Report가 2013년 발간됨. 각국의 기업가 정신 수준을 지수화한 GEDI를 통해 각국의 기업가가 창업에 도전해 사업을 만들어내는 능력을 비교 평가함

으면 자금 조달이 상대적으로 유리하고, 대외적인 신뢰도가 높아지며 주식시장에 상장할 수 있으면 빠르게 성장이 가능하다. 다만 기술개발 및 사업화 과정에 큰 자금이 필요하므로 실패 시, 타격이 크며 기술개발을 위해 고급 인력이 필요하지만 인력을 확보하기가 어렵다는 것도 단점에 포함된다.

한편 생계형 창업은 그야말로 창업자의 생계유지를 위한 일반 창업의 형태를 띤다. 소규모 자본을 투하하여 외부 인력은 단기간 활용하고 가족들 또는 지인들이 함께 모여 생계유지를 위한 목적으로 수행한다. 특별하게 정해져 있는 창업 형태는 아니지만 유사하게 시작했다가 차별화 부족 등으로 인한 실패도 높은 편이다.

제4절 소규모창업과 벤처기업

장원섭(2000)은 20명 미만을 매우 작은 소규모 사업이라고 정의하였으나, 해외에서는 20명에서 99명까지를 소규모 사업이라고 구분하고 있으며(Hodgeets & Kurato, 1998) 소규모사업의 특징은 창업자가 소유주임에 따른 경영 독립성, 지역 중심적인 창업활동 영역이 존재한다고 하였다. 다만, 현대사회로 넘어오면서 IT기반 창업의 경우 이러한 특징들이 적용되지 않는 사례가 증가하면서 벤처기업의 개념이 도입되었다.

여기서 벤처기업의 개념과 특징을 살펴보면 벤처기업이란 신기술 및 아이디어를 독립적인 기반으로 위험성이 크지만 성공할 경우 높은 기대수익이 예상되는 신생기업(이요행, 2012)이며, 국가마다 벤처기업에 대하여 조금씩 다르게 표현하고 있다(백형기, 1999). 미국에서는 벤처기업을 기술집약적 신생기업(New Technolohy-Based Firm) 또는 첨단기술 중소기업(High Technology Small Firm)등으로 표현하고 일본에서는 벤처기업에 대하여 R&D 투자 비율이 매출액의 3%이상으로 창업 후 5년 미만의 중소기업을 '벤처비지니스'라고 표현한다. 우리나라는 현행법상 벤처기업에 해당하기 위해서는 「중소

〈그림 2-1〉 벤처기업의 기술성과 성장도에 따른 분류

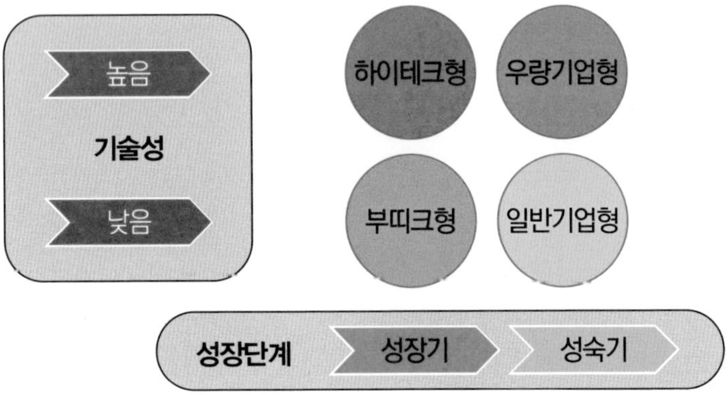

자료: 중소기업청(1999), 벤처기업에 대한 실태조사 결과

기업창업 지원법」 제2조(정의)와 「중소기업기본법」 제2조(중소기업자의 범위)에 해당하는
중소기업이여야 하며, 「벤처기업육성에 관한 특별조치법」 제2조(정의)에 규정된 기업
을 의미한다.

<표 2-2> 벤처기업의 요건

벤처기업육성에 관한 특별조치법 제2조(정의)

제2조(정의) ① "벤처기업"이란 제2조의2의 요건을 갖춘 기업을 말한다. 〈개정 2007.8.3.〉

② "투자"란 주식회사가 발행한 주식, 무담보전환사채 또는 무담보신주인수권부사채를 인수하거나, 유한회사의 출자를 인수하는 것을 말한다. 〈개정 2007.8.3.〉

③ 삭제 〈2006.3.3.〉

④ "벤처기업집적시설"이란 벤처기업 및 대통령령으로 정하는 지원시설을 집중적으로 입주하게 함으로써 벤처기업의 영업활동을 활성화하기 위하여 제18조에 따라 지정된 건축물을 말한다. 〈개정 2007.8.3.〉

⑤ "실험실공장"이란 벤처기업의 창업을 촉진하기 위하여 대학이나 연구기관이 보유하고 있는 연구시설에 「산업집적활성화 및 공장설립에 관한 법률」 제28조에 따른 도시형 공장에 해당하는 업종의 생산시설을 갖춘 사업장을 말한다. 〈개정 2007.8.3.〉

⑥ "벤처기업육성촉진지구"란 벤처기업의 밀집도가 다른 지역보다 높은 지역으로 집단화·협업화(協業化)를 통한 벤처기업의 영업활동을 활성화하기 위하여 제18조의 4에 따라 지정된 지역을 말한다. 〈개정 2007.8.3.〉

⑦ "전략적제휴"란 벤처기업이 생산성 향상과 경쟁력 강화 등을 목적으로 기술·시설·정보·인력 또는 자본 등의 분야에서 다른 기업의 주주 또는 다른 벤처기업과 협력 관계를 형성하는 것을 말한다. 〈개정 2007.8.3.〉

⑧ "신기술창업전문회사"란 대학이나 연구기관이 보유하고 있는 기술의 사업화와 이를 통한 창업 촉진을 주된 업무로 하는 회사로서 제11조의2에 따라 등록된 회사를 말한다. 〈개정 2007.8.3.〉

⑨ "신기술창업집적지역"이란 대학이나 연구기관이 보유하고 있는 교지나 부지로서 「중소기업창업 지원법」 제2조제2호에 따른 창업자(이하 "창업자"라 한다)와 벤처기업 등에 사업화 공간을 제공하기 위하여 제17조의2에 따라 지정된 지역을 말한다. 〈개정 2007.8.3.〉

특히 〈그림 2-1〉에 나타난 바와 같이 기술성과 시장의 성장단계에 따라 벤처기업은
하이테크형, 우량기업형, 부띠크형, 일반기업형의 4가지로 구분(중소기업청, 1999)하는

데, 하이테크형은 가장 이상적인 형태로서 기술수준과 잠재력이 높고 산업 성장성이 높은 기업이며 자신이 개발한 기술과 네트워크를 바탕으로 한 첨단기술을 지니며, 설립된 지 5년 이내의 기업을 말한다. 우량 기업형은 기술력은 있으나 시장이 성숙한 기업으로 기술수준, 잠재력은 높으나 산업이 성숙, 정체기에 달한 기업이며 창업자가 오랜 기간 제품기술을 축적하여 기존의 성숙된 시장에서 기술력을 인정받은 경우로, 창업된 지 10년 이내의 기업을 말한다. 부띠크형은 시장성이 좋으나 기술성이 낮은 기업으로, 기술수준과 잠재력은 상대적으로 낮지만 시장 확대, 성장이 높은 기업이다. 창업자가 신규로 형성되어 성장성이 높은 시장에 기술력보다는 아이디어와 패기로 승부하는 창업 5년 정도의 기업을 의미한다. 일반 기업형은 기술성이 상대적으로 낮고 시장이 성숙된 경우로, 기술수준과 잠재력이 낮고 시장도 정체기에 머무른 경우이며 이러한 기업은 오랜 기간 동안 습득한 현장 기술을 바탕으로 경쟁하는 기업이다.

제 2 장. 창업의 유형

소속 ....

성명 ....

❶ 창업은 다양한 유형이 존재하며, 창업자의 자질과 사업아이디어, 자금의 확보 등에 따른 적합한 유형을 선정하는 것이 중요하다. 창업의 유형 중에 독립창업과 일반창업을 구분하고 각각의 특징을 설명하시오.

....

....

....

....

....

....

....

....

....

....

....

❷ 기술창업은 다른 창업의 유형에 비해 많은 시간과 차별화된 기술의 확보와 보유가 매우 중요하다. 일반창업과 기술창업의 서로 다른 특징을 논하시오.

❸ 생계형 창업의 종류를 열거하고, 주요 특징을 설명하시오.

❹ 벤처기업은 기술성과 시장의 성장단계에 따라 벤처기업은 하이테크형, 우량기업형, 부티크형, 일반기업형의 4가지로 구분할 수 있는데 각각의 특징과 내용을 논하시오.

제3장
창업 준비

제 3 장

창업 준비

제1절 창업의지

학술적으로 창업의지는 개인의 창업의사결정과 행동의 선행요인으로서 창업과정을 이해하는 데 있어 핵심적 개념이다(Krueger & Carsrud, 1993)라고 정의하고 있다. 창업은 분명히 계획적이고 의도적인 행동을 통해 이루어지며, 시간의 흐름에 따라 진행된 일련의 과정이라고 볼 수 있다(Crant, 1996). 창업과정의 일차단계에 해당하는 창업의지는 새로 설립된 기업의 초기 특성을 결정짓는 핵심역량이기 때문에 창업의지에 관한 이해는 창업과 관련된 전반적인 현상을 설명하는 데 필수적인 사항이며 창업의지는 새로운 조직을 설립하기 위한 토대를 형성하는 가장 핵심적인 요소다(Veciana et al., 2005). 따라서 국가나 지역경제 또는 조직이 침체로부터 벗어날 수 있는 회복력과 자기 쇄신을 마련하기 위해서는 창업의지를 갖고 있는 잠재적 창업가들의 역할이 매우 중요하다(Shapero, 1981). 즉, 창업의지는 '창업에 대한 행위 의도적 태도를 의미하며, 창업이라는 긴 과정의 첫 단계'라는 점에서 중요하다(김명숙 외, 2013).

창업에 관한 이론에서 창업의지에 관한 결정요인으로서 크게 인적 자본요인과 사회 자본요인, 인적과 사회자본의 결합요인 등(Shapero & Sokol, 1992)으로 구분된다고 제시하는데 인적자본은 형성과정에 따라 선천적 자본과 후천적 자본으로 나누어진다고 한다. 선천적 자본은 지능이나 천부적 재능 등의 능력이나 자질을 말하며, 후천적 자본은 교육, 보건, 훈련, 정보 등에 의해 습득된 지식과 기술 등을 의미한다. 인적자본 요인으로 가장 많이 탐구되고 있는 것은 창업을 선택하는 창업가의 특질이며, 위험감수성, 통제위치, 성취욕구, 자율욕구, 그리고 개인의 통제욕구 등으로 최근에는 이러한 특징들이 기업가 정신을 대표하는 것으로 제시된다.

한편 사회 자본요인은 사람들 간의 관계에서 공통의 목적을 위해 조직 내에서 결속하고 함께 일할 수 있는 능력이며, 인간관계 내에 존재하는 가치로 조직의 생산성을 증가시키고 특정한 목표의 성취를 가능하게 하는 것으로서 결합 사회자본과 연결 사회자본 등 두 가지 형태로 나누어진다고 한다. 서로 알고 있는 사람들 간의 관계를 더욱 밀접하게 하는 것이 결합 사회자본이며, 서로 모르는 사람들을 가깝게 만들어 주는 것이 연결 사회자본이다. 창업의지에 영향을 미치는 사회 자본요인으로는 사회적 신뢰, 호혜적 규범, 네트워크 등이 주로 탐구되고 있다.

창업의지에 영향을 미치는 결합 자본요인과 관련하여, Reynolds(1991)는 경제적 환경 특징, 개인의 삶이나 경력환경의 특징, 개인의 성향 등을 제시하고 있는데, Naffziger et al.(1994)은 창업가의 개인적 특성 및 환경, 가족관계, 창업을 통해 추구하고자 하는 개인의 목표, 창업에 대한 사회적 인식과 자금획득의 용이성, 구체적 사업아이디어, 창업행동이 이익과 매출, 시장점유율과 같은 성과에 대한 기대 요인 등을 창업의지의 결정요인으로 제시하고 있다. 또한 Fogel(1994)은 정부정책, 사회경제적조건, 창업 및 경영기술, 재무적 지원, 비재무적 지원을 제시하고 있다.

창업의지 결정요인을 구성하는 요소로서의 '인적자본'이 가장 많이 탐구되고 있는 것은 창업을 선택하는 창업가의 특징이 가장 큰 비중을 차지하며, 이러한 특징은 대체로 기업가 정신에 초점이 맞추어지기 때문이다. 기업가 정신에 대한 어원적 기원은 'Entrepreneur(기업가)'는 원래 불어로서 프랑스 경제학자 칸티옹(R.Cantillon)이 '생산 수단(토지·노동·자본)을 통합하여 상품을 생산·판매하고 경제의 발전을 도모하는 자'라고 정의한데서 유래된다.

17~18세기 유럽에서는 위험한 해외무역에 종사하는 모험적 상인에 대해 '기업가'라는 용어가 사용되었으며, 19세기 후반 산업혁명과 함께 산업자본주의 시대가 도래하였고, 새로운 기술의 발명을 사업화하여 기업적으로 성공한 사람들에 대해 enterpriser또는 entrepreneur라는 용어가 사용되기도 하였다.

기업가 정신(Entrepreneurship)이 경제 발전의 중요한 원동력이라는 점에서는 대부분의 학자들이 의견의 일치를 보이고 있지만, 경제학자 Knight(1921)는 기업가는 불확실성 하에서 위험을 계산하고, 결정을 내리며, 산출 결과에 책임을 지는 사람으로 정의하며 위험과 불확실성을 감수하는 기업가 활동에 따라서 경제 전반의 효율성이 높아진다고 주장하였다. 혁신적 파괴를 주장한 Schumpeter(1934)는 기업가를 혁신 주체(innovator)로 규정하며, 기업가는 창조적 파괴(Creative Destruction)과정을 주도하는 역

〈표 3-1〉 기업가 정신의 개념

구분	주요 특징
행태(behavior)	기업가정신은 이윤 기회(profit opportunities)를 발굴하고 추구하는 역량이며, 기업가적 행위는 다음의 특성을 가짐 ■ 일반적인 리더십(cognitive leadership)발휘 ■ 불확실성하의 의사 결정(Knight) ■ 새로운 사업 목적·수단의 창출
기능(function)	■ 균형 달성(equilibrating) ■ 시장 조정자(market coordination)역할 ■ 기술의 수용과 확산(technology adoption/diffusion) ■ 불균형 조성(disequilibrating) ■ 기술혁신(innovation)(Schumpeter)
직업(occupation)	■ 독립 기업가(independent entrepreneurs) ■ 창업기업가, 벤처기업가 ■ 조직 기업가(corporate entrepreneurs)

출처 : Peneder(2005)

할을 담당한다고 하였다. 그는 경제발전은 생산방식의 새로운 결합 또는 혁신을 촉진시키는 기업가 정신에 의해 달성되며, 기업가의 혁신활동은 ①신제품의 개발 ②새로운 생산방식의 도입 ③신시장의 개척 ④새로운 공급자의 확보 ⑤새로운 기업조직 등을 통해 이루어진다고 주장하였다.

　기업가에 대하여 Hayek(1978)는 시장 가격의 변화 속에서 이윤기회를 발견하고, 이에 대응하여 부족 자원의 공급을 확대하는 등의 조정 역할을 수행하며, 기업가의 발견(entrepreneurial discovery)이 시장경쟁의 핵심이라고 설명한다. 이처럼 기업가정신에 관한 학자들의 정의는 다소 차이가 있으나, 기업가 정신이란 '미래의 불확실성과 높은 위험에도 불구하고 모험정신(혁신능력)을 발휘하여 새로운 가치를 창출하는 기업가의 의지 또는 활동'이라고 규정할 수 있다(양현봉, 2008).

제2절 창업아이템

창업자의 창업의지 외에 중요한 핵심요소는 '창업 아이템' 또는 '사업 아이템'이 될 것이다. 사업 아이템 혹은 사업 아이디어라고 표현되는 '창업 아이템'은 창업에 결정적이고 반드시 고려해야 하는 필수적인 요소이다. 창업자 개인의 유능함과 자질, 역량이 뛰어나다 하더라도 창업 아이템이 시장과 고객의 요구에 부합되지 않는 경우엔 성공을 담보하기 어렵다. 하지만 '창업 아이템'이 현재 상황에서 긍정적으로 평가받는다고 하더라도 창업자의 자질과 역량이 문제가 된다면 성공을 보장하기 힘들다. 따라서 창업자의 역량과 아이템은 불가분의 관계이며 창업에 있어 중요한 요소가 될 수밖에 없다.

예를 들어, 과거 비디오 자기 테잎이 시장에서 널리 활용되는 시대에 음원을 디지털로 변환하는 기술을 바탕으로 MP3라는 새로운 제품을 만든 기업이 있었다. 세계 최초라는 기술적 우위와 역량을 바탕으로 시장에 출시했지만 시장 확산과정에서 당시 시장과 고객에게 널리 애용되었던 제품에 관한 태도와 습관을 바꿀 수 없었으나 디지털 음원 기술을 바탕으로 스티브잡스는 '아이팟'이라는 제품을 고객의 니즈에 부합하도록 만들어 세계적인 성공과 흥행을 거두었다. 결국 디지털음원 시장에서 아이팟은 아이폰 제품으로 이어지면서 지금까지 세계적으로 사랑받는 기업과 제품이 되었다. 기술적으로나 아이디어로는 세계 최초였으나 시장과 고객이 보편적으로 이용할 수 있도록 상용화, 보편화에 성공한 것은 애플이다.

이처럼 아이템이 아무리 좋다고 하더라도 시장과 고객, 변화되는 흐름과 환경의 영향으로 주체와 객체가 바뀌는 경우는 너무나도 많다. 이깃은 빈드시 기술적인 우위를 가지지 못한다고 하더라도 시장과 고객의 요구사항을 미리 알아내어 눈높이에 맞는 제품과 서비스, 디자인 등 제품의 다른 속성으로 성공적인 창업도 가능하다는 반증이 될 것이다. 창업자는 스스로 창업가의 역량과 사업 아이템을 자체적으로 간략하게 평가해 볼 수도 있다. 창업자의 기본적인 자질과 역량을 평가해봄으로써 예상하는 창업 아이템이 어느 정도 적절하게 부합하는지를 사전에 알아보는 것이 바람직할 것이다.

창업자는 가장 먼저 성공이 담보될 수 있는 창업 아이템의 발굴과 선정이 매우 어려울 수 있다는 점을 인지할 필요가 있다. 창업 생태계에서는 '**쉽게 선정되는 유망 아이템은 없다 즉, 한방은 없다**'고 회자될 정도이다. 그만큼 고안한 창업 아이템으로 또 다른 창업 아이템을 만들거나 동일한 시장에 경쟁자로 등장할 가능성이 높기 때문에 수많은 노력과 자금이 들어가더라도 제대로 시장에서 활성화되기 전에 어려운 환경에 직면할 수도 있다. 심지어 국내외 자본과 기술, 인력이 풍부한 대기업 뿐 아니라 나라 경제를 고민하는 정부도 수십 년간 '성장 동력'을 찾아야 한다는 외침을 쉽게 접할 수 있을 정도이다. 따라서 철저한 분석과 끊임없는 혁신을 통해 사업 아이템을 지속적으로 발전시켜야 한다. 아무리 유망한 창업아이템이라고 하더라도 시장과 고객의 요구사항을 빠르게 파악해야 하며 혹시 모를 환경변화에 대한 대처 역량도 갖추어야 한다.

〈표 3-2〉 창업아이템과 창업 전 평가

창업 자질과 역량	자기 창업 평가
(1) 성장기의 아이템인가?	유행성 사업의 말미에 참여하지 말 것
(2) 나의 경력과 적성에 맞는가?	적성에 맞지 않은 사업은 하지 말 것
(3) 나의 경험과 지식을 활용할 수 있는가?	경험과 지식을 활용할 수 없는 사업은 피할 것
(4) 전문적인 기술과 경험을 필요로 하는가?	고도의 기술이 요구되는 사업에 참여하지 말 것
(5) 면허나 허가, 등록 등을 필요로 하는가?	충분히 스스로 갖출 수 있는지 확인할 것
(6) 자지자금 조달 범위 내에서 가능한가?	창업비용이 자기자본 70%를 초과한 사업은 참여하지 말 것
(7) 아무나 쉽게 할 수 있고 흔한가?	사전에 창업 업종에 대한 경험을 해 볼 것
(8) 주변에 이해와 지지를 구할 수 있는가?	주변인에게 경제적 지원이 유지될 수 있는지 확인할 것

한편 창업 아이템이 고도의 기술이 필요한 상황이라면 창업자가 창업이전에 고도의 기술을 습득하거나 경험하지 않은 경우 더욱 성공을 담보하기 어려울 수 있다. 다시 말해 외부적 환경이 인공지능과 빅데이터 창업이 활성화되었다고 갑자기 창업자가 가지고 있지 않은 역량과 자질, 경험으로 초기부터 학습하고 배워서 관련 부분을 창업하기는 어렵다. 즉 창업자의 역량과 자질에 맞는 창업에 성공한 후 자금이 확보되면 기술 전문가 영입으로 더욱 고도화시키면 된다. 그러므로 창업 아이템을 발굴하고 선정할 경우, 창업자 자신의 역량과 적성에 적합하여 아이템으로 시장 통제력을 발휘할 수 있는 것인지, 사업 아이템이 시장과 고객의 입장에서 적정한 시기에 진입할 수 있는 것이지, 지나친 전문적 기술과 지식이 요구되는 것은 아닌지 등을 종합적으로 평가해 보고 결정을 해야 한다〈표 3-2〉.

한 가지 사례로서 새벽배송으로 유명한 마켓컬리는 소비시장에 혜성처럼 나타나 큰 반응을 불러일으키고 있는 창업 기업이다. 그러나 새벽배송 중심의 마켓컬리가 과연 창업에 성공한 기업이라고 단정할 수 있는지는 좀 더 시간을 가지고 지켜보아야 한다. 왜냐하면 새벽배송은 유통기업이라면 누구나가 도전해볼 수 있는 아이템이요, 실제로 이마트를 비롯한 대형 유통기업들이 지속적으로 새벽배송 시장에 뛰어들고 있기 때문이다. 즉 마켓컬리의 시장 통제력은 점점 제한되고 있는 형국이다. 마켓컬리는 1인 독신가구를 비롯한 30, 40대 일하는 주부들을 타겟으로 HMR(가정간편식)의 발달과 진화로 인해 가능했던 창업모델이다. 하지만 전국단위규모로 사업을 전개하기에 여러 제약이 존재함과 동시에 자금력이 풍부한 거대 유통기업들이 새벽배송 시장에 뛰어들어 점유율을 높여가고 있어 새벽배송의 선도자로서는 가치가 충분하나 지속적으로 성장시켜나가기에 한계를 드러내고 있다. 마켓컬리 등장 이전 거대 유통기업들과 식품기업들은 자신들이 잘해왔고 잘할 수 있는 기본적인 역량을 HMR(Home Meal Replacement)이라는 가정간편식을 기존 오프라인 유통에 접목시키고 집중해왔다.

상대적으로 등한시했던 1인 가구와 편리성에 몰입하는 고객들에게 마켓컬리는 혜성과도 같은 존재였으나 현재 대기업들은 기존 오프라인 유통의 판매에 집중하기보다 동일한 새벽배송시장에 경쟁적으로 뛰어들고 있다. 마켓컬리는 새로운 사업의 가능성과 시장창출기회를 열어주었고 실익보다 지속적인 적자누적이라는 고통이 현실로 나타나고 있는 것이다. 결국 온라인과 모바일 주문에 따른 새벽배송이라는 사업아이템은 자금력과 유통채널을 보유하고 있는 기업들은 동일시장에 뛰어들 수 있다는 시장기회를 검증해준 부분으로 한정되고 있다.

최근에는 새벽배송에 저녁배송을 선언하는 기업도 나오게 되었으며 오랜 기간 동안 전통을 지닌 방문판매의 아이콘인 야쿠르트가 낮 시간에 다양한 제품으로 가정을 찾아가는 전문배송까지 시도하고 있다. 이와 같이 창업자가 아이템을 발굴하고 선정할 경우, 시장과 고객, 상황에 따라서는 산업구조 전체를 구체적으로 살펴볼 필요가 있으며 창업을 위한 사업목적에 따라 단일 아이템으로 시작할 것인지, 혹은 제품과 서비스는 자신이 생산하는 것이 아닌 중개거래 즉, 플랫폼 사업으로 부가가치를 올려 수수료 중심의 창업으로 시작할지 등 전반적인 창업 전개과정까지 고려해야 한다.

또 다른 사례로서 우리가 흔히 알고 있는 기업의 광고를 대행해주는 광고대행사는 전형적인 플랫폼 창업기업이다. 때로는 광고제작사를 별도로 두거나 광고를 제작하는 업체를 참여시켜 광고를 제작하고 TV나 언론 매체와 광고 단가를 협상하여 제작한 광고를 출시함으로써 이에 대한 수수료를 받는 전형적인 사업모델을 갖고 있다. 이는 기업이 스스로 광고를 전문적으로 제작할 능력을 갖추지 못하거나 갖춘다고 해도 실익이 없다고 판단할 때, 전문성을 갖추고 광고 기획을 수행함으로써 그에 따른 매출과 수익을 창출하는 지식서비스 위탁사업인 것이다. 만약 창업자 스스로가 새로운 광고 아이디어를 기획하는 역량을 보유하고 있다면 충분히 창업이 가능한 아이템이다.

최근에는 기존의 전통적인 TV와 잡지 매체를 통한 광고가 아닌 구글의 유튜브 등 SNS 광고가 고객들로부터 많은 사랑을 받고 있으며, 정보검색이나 탐색도 유튜브를 통해서 필요한 정보만 탐색하기 때문에 과거와 같이 충분한 자본금이나 인력이 요구되지도 않는다. 이처럼 사업 아이템은 차별적 혜택을 강조하는 것도 중요하지만 전체적인 사업의 맥락과 구조, 경쟁사의 동향과 움직임까지 예상하며 선정할 필요가 있다.

제3절 창업자금

창업을 사전 고려함에 있어 중요한 것은 창업 자금이다. 아무리 창업자의 자질과 역량이 뛰어나고 사업의지도 충분하며 유망한 창업 아이템이 있다하더라도 초기 창업에 필요한 자본이 마련되어 있지 않다면 창업은 어렵다고 할 수 있다. 창업자 자신의 투자는 전혀 이루어지지 않고 잘 익은 감을 따겠다는 것과 마찬가지로 기본적인 창업 준비자금은 필수라 하겠다. 다만 특정한 아이템으로 사업모델을 가지고 시작하기 때문에 해당 조건에 따른 초기 자본금 규모의 차이는 발생할 수 있다. 따라서 창업을 준비하는 데 있어 창업자의 자질과 창업 아이템, 초기 준비 자금은 필수적인 요소다.

창업 자금은 크게 구분해서 시설자금과 운전자금으로 나누어 볼 수 있다. 초기 창업 아이템을 탐색하고 발굴하며 선정하는 단계, 사업모델을 기획하는 단계에서는 거의 자금이 소요되지 않고, 간단하게 컴퓨터와 업무를 수행할 수 있는 공간만 확보된다면 가능할 것이다. 하지만 일단 아이템이 선정되고 본격적으로 창업을 준비할 때는 자금이 소요되기 시작한다. 자세한 창업자금의 조달과 확보는 향후에 다루도록 하겠다.

여기에서는 간략하게 어떠한 자금들이 들어갈 수 있는지 요약해서 살펴보기로 하자. 언급한바와 같이 창업자금 중 시설자금으로는 임차보증금, 집기비품의 비용이며, 프랜차이즈 창업의 경우에는 가맹비, 인테리어 공사비, 권리금, 기타 시설자금 등이 필요하다. 만약 제품을 만들지 않거나 서비스를 중심으로 하는 창업의 경우에는 초기 자금은 시장 조사 비용이 대부분을 차지한다. 창업을 준비하고 계획할 시 바로 필요한 자금은 소요되지 않으며 특히 단독으로 전자상거래 등을 창업할 경우에는 비용이 거의 소요되지 않는다.

시설자금과는 달리 운전자금은 간단히 운영에 들어가는 예산과 비용을 의미한다. 즉 단독 창업이 아니라 직원을 고용하여 창업을 기획할 경우에는 직원의 인건비, 4대

보험, 재료비, 경비, 지급이자 등으로 본격적인 수익이 창출될 때까지 일정한 고정비와 변동비가 소요된다. 창업에 따른 비용이 소요되기 때문에 창업자금에는 반드시 창업자금을 조달하는 방식을 고민하지 않을 수 없다. 창업 자금을 조달하는 방법을 살펴보면 크게 자기자본과 타인자본으로 구분할 수 있다. 가장 좋은 자금 조달방법은 자기자본보다는 남의 돈을 투자받아서 창업을 타인자본이겠지만, 창업 초창기에는 타인의 자본을 투자받기는 어렵기 때문에 자기자본에 의존하는 경우가 많다. 자기자본으로 창업을 하는 경우에도 최대한 자본을 확보하여 여유자금으로 30% 정도를 남겨두는 것이 좋다. 타인자본으로 창업을 하는 경우 정부의 창업지원자금과 같은 정책자금을 이용하거나 벤처캐피탈 또는 엔젤투자자의 자금을 활용하는 것이 좋다.

창업초기 창업을 기획하고 준비하는 단계에서는 사업 아이템 선정에 따른 비용이 소요되는데 이때 일반적으로 이용 할 수 있는 정부의 정책자금을 활용하는 것이 좋다. 정책자금도 여러 가지가 존재하지만 보통 개인의 신용도와 담보능력, 사업 아이템의 적합성 등을 갖추고 신청을 해야 한다. 정부나 지자체의 창업 지원자금은 보통 무상지원 아닌 일정요건을 갖추어서 금융기관에서 자금을 차입하는 절차를 거치는 경우가 많기 때문이다. 모든 금융기관에서 자금을 빌려줄 때는 창업자의 담보를 요구하는 경우가 대부분이고 확실한 부동산담보를 요구하는 경우가 많아서 부동산 담보가 없는 경우 정책자금을 중도에 포기하는 경우도 많다. 부동산 담보를 통해 정책자금을 차입할 때는 창업성공에 따른 부담감과 압박이 가중되기 때문에 가능한 확실하고 구체적인 창업아이템을 선정하고 일정기간동안 시장에서 충분한 테스트를 거친 후에 성공 확신이 높아질 경우에 최종적으로 신청하는 경우가 올바른 판단이라고 할 수 있겠다. 따라서 무상으로 지원을 받는 경우를 가정할 때는 각종 기관들에게 공모하는 창업공모전에서 인정받고 소액의 창업자금이라도 받는 경우를 통해서 자금을 확보하는 것이 바람직하다. 최근에는 정부지원자금의 종류도 많지만 대출이 아닌 무상지원 형태의 정책자금도 많이 있기 때문에 창업 초기에 잘 이용하면 창업 초기의 위험부담을 줄일 수 있다.

정부에서는 우수한 기술력과 사업성은 있으나 자금력이 부족한 창업초기기업의 생산설비, 사업장 건축·매입자금 및 기업 활동 자금을 지원하는데 창업일로부터 7년 미만(신청·접수일 기준)인 중소기업 및 창업을 준비 중인 자를 대상으로 하며 크게 시설자금으로서 생산설비 및 시험검사장비 도입 등에 소요되는 자금, 정보화 촉진 및 서비스 제공 등에 소요되는 자금, 공정설치 및 안정성평가 등에 소요되는 자금, 유통 및 물류시설 등에 소요되는 자금, 사업장 건축자금, 토지구입비, 임차보증금 등이며 특히 토지구입비는 건축허가가 확정된 사업용 부지 및 산업단지 등 계획입지의 입주계약자 중, 6개월 이내 건축착공이 가능한 경우에 한정한다. 운전자금으로서 창업소요 비용, 제품생산 비용 및 기업경영에 소요되는 자금을 정책자금으로 지원한다.

소속 ....

성명 ....

❶ 창업의지에 관한 결정요인으로서 크게 인적 자본요인과 사회 자본요인, 인적과 사회자본의 결합요인 등으로 구분할 수 있는데, 창업의지에 영향을 미치는 각각의 요인에 대해 설명하시오.

....

....

....

....

....

....

....

....

....

....

....

....

....

....

❷ 창업의지 결정요인을 구성하는 요소로서의 '인적자본'이 가장 많이 탐구되고 있는 것은 창업을 선택하는 창업가의 특징이 가장 큰 비중을 차지하는데, 이중 기업가의 혁신활동에 관한 개념을 논하시오.

❸ 기업가 정신을 이루는 3가지 개념인 '행태', '기능', '직업'의 주요 특징을 설명하시오.

❹ 창업 아이템은 창업의 직접적인 성공과 가장 관련이 깊다고 할 수 있는데, 창업 아이템의 사례를 한 가지 들어보고 성공 또는 실패의 요인을 창업 아이템과 연관하여 기술하시오.

❺ 창업 자본은 크게 구분해서 시설자금과 운전자금으로 나누어 볼 수 있다. 프랜차이즈 창업의 경우에 필요한 자금은 무엇인가? 그리고 이들 자금은 대략적인 자금 규모는 어떠한지 추론해보자.

❻ 자기자본으로 창업을 하는 경우에도 최대한 자본을 확보하여 여유자금으로 30% 정도를 남겨두는 것이 좋다고 한다. 창업초기 창업을 기획하고 준비하는 단계에서는 사업 아이템 선정에 따른 비용이 소요되는데 이때 일반적으로 이용할 수 있는 자금은 무엇인지 설명하고, 이들 자금은 주로 어떠한 경우에 대여하는지 알아보자.

제4장
창업 네트워킹

제 4 장
창업 네트워킹

제1절 창업 네트워킹 필요성

예비창업자가 창업 준비를 위해 노력해야 하는 것은 사업아이템, 사업계획과 자본금 등 뿐 아니라 창업 관계자들과의 네트워킹이 필수다. 실패 없는 창업을 위해서는 준비 및 운영과정에서 끊임없는 관련 정보탐색과 정보품질이 중요한데 정보탐색과 품질을 확보할 수 있는 곳이 바로 창업자들과의 네트워킹에 참여하여 고급정보를 취득하는 일이다. 또한 단순히 고급정보 취득을 넘어서 사업아이템에 관한 시장성, 실현가능성, 수익성 등을 사전에 검증받고 사업계획의 완벽한 수립을 통한 투자자로부터의 자본금 확충이 절대 과제일 것이다.

이러한 과제를 해결할 수 있는 것이 바로 창업 네트워킹을 참여하는 것이다. 창업 네트워킹은 1인 창업자일수록 더욱 필요한 정보탐색공간이자 정보를 취득할 수 있는 곳으로서 예비창업자는 자신이 원하는 필요정보를 비롯한 다른 창업자들이 탐색해온 정보에 귀를 기울일 필요가 있다. 창업 네트워킹은 정부 또는 지자체에서 운영하고 있는 경제혁신센터 등 오프라인과 창업넷 등 온라인이 대표적인데, 이밖에 창업자들이 관심을 두고 문을 두드려야 하는 곳이 바로 창업을 지원해주는 엑셀러레이터 기관이다. 초기 창업자에게 경험은 무엇이든 이득이 된다고 말하고 심지어 실패도 더 나은 창업에 도움이 되는 경험이라고 한다. 하지만 일부러 고단한 실패과정을 경험할 필요는 없다. 실패과정을 미연에 방지하게 조언해주고 도움을 주는 역할을 하는 것이 액셀러레이터라고도 할 수 있다. 즉 창업을 도와주는 기획자들과의 잦은 만남을 통해 실패의 가능성을 계속 줄여나가는 목적이 바로 창업 네트워킹에 참여하는 일이다.

우리보다 앞선 선진국의 창업 환경의 가장 큰 장점은 창업의 육성과 운영에 대해서 조직화되고 다양한 프로그램들과 운영자들의 네트워크의 크기를 다르다는 점이다. 창업은 교육, 멘토링 등 여러 요소들이 조화롭게 융합되면 창업의 속도가 빨라지고 실패의 두려움을 현저히 낮추는 시너지가 발생할 수 있다.

제2절 창업 엑셀러레이터(Accelerator)

엑셀러레이터는 2017년 정부에서 '중소기업창업지원법 일부개정법률안'에 의해 승인된 '초기창업자 등의 선발 및 투자, 전문보육을 주된 업무로 하는 자로서 중소기업청장에게 등록한 자'로 정의하고 있다. 원래 액셀러레이터라는 개념은 미국 실리콘벨리에서 시작되어 발전되었다. 대표적인 엑셀러레이터는 미국의 와이콤비네이터(Y-Combinator)로 현재 시장가치 30조에 이르는 기업 에어비엔비(Airbnb)와 기업가치 10조를 넘는 드롭박스(Dropbox)등이 이곳에서 배출되었다. 또 다른 유명 엑셀러레이터인 테크스타스(Techstars)에서는 센드그리드(Sendgrid), 소셜씽(Socialthing), 온스와이프(OnSwipe) 등 회사가 엑셀러레이팅 되었으며 다수의 회사가 인수되며 성공적인 엑싯(Exit, 자금회수)사례를 남겼다.

대표적인 창업 엑셀러레이터인 와이콤피네이터(Y-Commbinator)는 2005년에 설립되어 14년간 1000여개가 넘는 벤처창업을 육성해 왔으며 이곳을 거쳐간 500여개 기업의 평균 가치는 4500만 달러에 이른다고 한다. 드롭박스, 에어비앤비 등이 대표적 창업 기업이며, 국내 미미박스 역시 이들을 거쳐 간 기업 중 하나이다. 와이콤비네이터의 경우 1년에 24만 달러를 투자해 무상 지원한다. 와이콤비네이터는 창업초기 자금인 시드머니와 컨설팅, 투자자와의 인맥을 제공한다. 기본적으로 프로그램에 참여하는 창업기업을 모집하고 프로그램에 참여 시 소규모 투자와 지분취득이 이루어지는 동시에 일정기간 멘토링 및 교육을 진행한 뒤 최종적으로 '데모데이'(투자자들에게 사업계획을 발표)를 진행하여 엔젤과 투자자들에게 창업가들의 결과물들을 선보이고 투자유치를 돕는다. 이러한 기본 컨셉은 와이콤비네이터 뿐만 아니라 대부분이 액셀러레이터의 기본적인 운영 형태다. 특히 이러한 데모데이가 창업자들에게 좋은 점은 다양한 투자처를 확보한다는 장점도 있지만 창업을 진행함에 있어 발생할 수 있는 시장의 위험과 불확실한 부분을 다른 창업자들과 투자자들로부터 조언을 들을 수 있기 때문에 시장 출시 전 또는 출시 직후의 사업계획을 일부 수정, 변경하거나 보완하여 비교적 완벽하게 시장에 진입할 수 있는 기회를 가질 수 있다.

그렇다고 모든 액셀러레이션 프로그램이 투자 등의 별도 지원 프로그램을 누구에게나 제공하는 것은 아니다. 다수의 창업자들이 참여하기 때문에 상위랭킹의 창업자들에게 특화된 가치제공이라고 할 수 있으며 상위랭킹의 프로그램에 들어가지 못한다면 초기 스타트업에게 재원확보의 기회도 한정적일 수밖에 없다. 대신 이들 엑셀러레이터를 통해 그들의 풍부한 경험, 그리고 네트워크 모임 등 프로그램 내의 운영 컨텐츠 이외에 제공하는 가치들이 정부 또는 지자체 등의 프로그램들에 비해 창업기회 및 가능성 측면에서 훨씬 높다. 따라서 예비창업자라면 투자처를 모색하기 위해 은행 등 금융권, 정부 지자체는 물론 엑셀러레이터를 방문하여 대기업 및 창업펀드의 지원을 받는 것이 훨씬 유리할 수 있으며 엑셀러레이터로부터 사업계획에 관한 피드백을 받음으로서 제대로 된 창업 준비를 실행할 수 있다.

국내의 경우 창업 생태계 초기에서 중기 단계로 넘어가기에 약 30여개의 엑셀러레이터가 활동 중이다. 프라이머, 스파크랩, 쿨리지코너인베스트먼트, 매쉬업엔젤스, 퓨처플레이, 패스트트랙아시아, 더인벤션랩 등이 있다. 최근에는 이들 엑셀러레이터가 대기업들과 금융, 은행권과도 연계되어 창업펀드를 조성하여 활동 중이며, 특히 해외신흥시장인 태국과 베트남 등을 주력으로하는 더인벤션랩의 경우 해외창업에 전문성을 지니고 있다. 주요 엑셀러레이터를 간략하게 요약하면 다음과 같다〈표 4-1〉.

간혹 창업자들 사이의 네트워킹에서 액셀러레이터 또는 컴퍼니빌더라는 용어를 듣게 되는데, 이들의 차이는 같기도 하고 다르기도 하다고 설명할 수 있다. 액셀러레이터는 창업에 관련된 모든 것을 총체적으로 수행해 창업자(팀)가 빠르게 발전하는 데 주력하는 역할이지만 여기에 한 발 더 나아가 창업에 깊숙이 개입해 주체적으로 초기

<표 4-1> 국내 창업 엑셀러레이터 주요 특징

구분	주요 특징	웹사이트
프라이머	생활/부동산 등 폭넓은 창업지원	https://www.primer.kr/
스파크랩	120명의 멘토 및 대규모 프로그램 운영으로 대기업 펀딩 중심	http://www.sparklabs.co.kr
쿨리지코너 인베스트먼트	커머스, 지자체 펀드로 벤처캐피탈 투자자 연계	http://www.ccvc.co.kr
매쉬업 엔젤스	엔젤투자자 중심	http://www.mashupangels.com
퓨처플레이	인공지능/전기차 등 기술 중심	http://futureplay.co/
패스트트랙 아시아	컴퍼니 빌더 중심/중국/일본	http://fast-track.asia/
더인벤션랩	태국/베트남 등 해외창업	http://www.theilab.kr

출처: 창조경제혁신센터 성과소개자료

팀 빌딩부터 서비스 개발에 이르기까지 공동창업자 역할까지 수행하는 형태의 액셀러레이터를 컴퍼니빌더라고 이해하는 것이 좋다. 국내 엑셀러레이터 중에서는 퓨처플레이, 패스트트랙아시아, 더벤처스 등이 이를 표방한다. 성공할만한 아이템(기술)을 가진 창업자(팀)가 있으면 이들이 성공할 수 있는 나머지 부분을 채워주는 역할을 하는 것이다. 이들의 책임감이 큰 만큼 창업 후에 창업지분을 더 가져가는 것이 일반적이다. 그만큼 창업자에게는 든든한 후원자가 생길 수 있지만 사업아이템이 독보적이거나 차별적인 경우 오히려 이들 엑셀러레이터와 지분에 따른 갈등과 마찰도 발생할 수 있음을 알아야 한다. 사업 아이템에 관한 아이디어는 창업자가 생성했음에도 운영 등 여러 가지 부분에 있어 엑셀러레이터의 지원과 도움을 받았지만 그에 따라 성과 차이로 인해 갈등이 발생할 수도 있기 때문이다.

제3절 창업 네트워킹 관계설정

대부분의 창업자들은 창업 초기에 다양한 문제와 과제들로 인해 창업 네트워킹에 진입하는 시기를 놓치거나 너무 초기에 관계설정을 고려하여 진입하는 경우가 종종 발생한다. 창업 네트워킹과 관련한 관계설정의 시점이 매우 중요할 수밖에 없다. 창업자는 아무리 지원과 도움을 준다는 엑셀러레이터도 함부로 쉽게 신뢰를 주거나 믿어서는 안 된다. 엑셀러레이터도 창업을 할 수 있는 여유자금과 투자자와 관계를 항상 유지하고 있기 때문에 창업자의 사업 아이템 또는 아이디어만 제공하고 원하는 관계를 형성하지 못할 수도 있기 때문이다.

가령 인공지능과 관련된 특별한 기술과 성과를 이미 보유한 창업자 또는 창업 팀이 있다면 크게 우려할만한 사항이 아닐 수도 있다. 해당 기술에 대해서는 창업자 특허권을 신청하여 특허로 보유하고 있을 가능성이 높고 기술을 활용하여 새롭게 시장과 고객들에게 선보일 제품 또는 서비스가 준비 중이라면 엑셀러레이터가 사업 아이디어를 도용할 염려는 거의 희박하기 때문이다.

다시 말해서 누구나가 생각할 수 있는 사업 아이디어와 아이템은 엑셀러레이터의 큰 관심과 주목을 받을 수 없다는 것과 동일한 이치다. 그만큼 차별적 아이디어와 아이템은 창업 네트워크 형성과 관계유지에서 매우 중요한 역할을 수행한다. 엑셀러레이터와의 관계형성을 원하는 창업자는 엑셀러레이터가 주최하는 다양한 데모데이(Demo Day)또는 피칭데이(Piching Day)에 참여해보고 어떠한 시점에서 엑셀러레이터와 더욱 돈독한 관계를 맺을지 생각해보는 것이 좋다. 창업자가 혁신기술을 보유하고 있다면 해당 기술에 대한 시장 타당성을 엑셀러레이터와 사전에 점검할 필요가 있을 수 있으나 단순한 아이템일 경우 본격적인 시장 출시를 특정지역에 한정하여 실적을 쌓아본 후 엑셀러레이터와 사업의 확대를 위해 본격적으로 만나는 것이 좋을 수 있다.

정리하면, 창업자가 우선 창업 네트워킹에 포함되고 관계를 설정하길 원한다면 단순히 사업아이디어 또는 아이템을 문서화하여 엑셀러레이터를 만나보는 것이 아니다. 창업자는 성공적인 창업을 한 후에 어느 정도의 성과물을 가지고 그들과 네트워킹을 시도하는 것이 가장 바람직하다. 오히려 시장에서 주목을 받고 있는 창업 아이템이라면 엑셀러레이터가 반대로 접근할 수도 있다. 창업 네트워킹에 참여하고 본격적인 관계 맺기를 위해서는 일정기간 동안 실제 시장에서 고객을 상대로 운영한 성과가 존재해야 한다. 엑셀러레이터 역시 어느 정도 시장에서 주목할 만한 창업 아이템에 자신들의 노하우와 투자라는 옷을 입히길 원하기 때문에 사실상 창업자들을 위한 기초적인 멘토링 프로그램을 운영하지 않는다.

가령 창업자가 앱을 개발하여 시장에 출시하고 앱을 사용하겠다는 가입자가 1만 명 정도 수준이라고 가정해보자. 1만 명의 가입자가 생겼기에 창업자는 이에 대한 성과를 바탕으로 엑셀러레이터 또는 기관 투자자인 벤처 캐피탈을 찾아간다면 그들은 동일하게 실제 사용자가 몇 명이고 실제 사용자들로부터 나오는 매출과 수익을 물어볼 것이다. 가입자는 1만 명 수준이나 실제 사용자가 500명 정도라면 아예 시장에서 환영받기 어려운 사업아이템을 실행하는 꼴이다. 만약 5,000명의 가입자 중에 실제 활용하고 구매를 일으키는 가입자가 1,000명이라면 얘기는 달라진다. 20%가 실제 사용자이기 때문에 이를 단순 계산으로 지속적으로 사용 전환으로 바꿀 경우, 큰 매출과 이익이 발생할 수 있다는 예측에서 엑셀러레이터와 투자자는 창업자와 관계 맺기를 시도할 것이다.

이처럼 일정 기간 동안의 사업적 성과에 관한 결과물을 가지고 창업 네트워킹과의 본격적 관계 맺기를 시도해야 하며, 그 전까지는 이들이 주관하는 다양한 사업설명회, 다른 예비창업자들의 사업발표회인 '데모데이' 또는 '피칭데이'를 부지런히 방문해야 한다. 결국 다른 창업자들이 어떻게 사업을 구상하고 시장 운영하는지 간접적으로 정보와 지식을 쌓는 일은 창업을 준비하는 사람들에게 시간, 자금, 인력 등의 자원의 부족함을 현명하게 대처해줄 수 있는 방법을 제시해준다. 중요한 것은 예비창업자들, 투자자들, 엑셀러레이터들이 제시하는 의견을 귀담아 듣되 창업자 자신의 사업아이템에 추가적인 가치와 본원적 가치를 제공함에 있어 더욱 견고하게 쌓아 올릴 수 있는 지식과 정보로 활용해야지 그들의 방향성 제시에 창업자 자신이 설정한 목표와 방향이 흔들려서는 안 된다.

창업 네트워킹은 주로 창업 허브 또는 창업지원 기관이라고 할 수 있는 도시별 창조경제혁신센터에서 이루어진다. 2013년 온라인 창조경제타운(www.creativekorea.or.kr)을 구축하여 창조경제에 대한 국민의 관심과 도전정신을 불러일으키는 큰 성과를 창출하였지만, 온라인이라는 특성과 한계가 발생하였다. 창업자는 실제로 성공한 창업가들을 직접만나서 그들의 생생한 이야기를 듣고 싶어 하며 창업에 필요한 금융, 법률, 특허와 같은 전문서비스 등의 지원을 요구한다. 또한 창업자는 기존 생산라인의 효율성 증대, 새로운 사업영역 발굴, 제품의 판매망 확대 등을 도모할 수 있는 지원을 요구하기도 한다.

정부는 위와 같은 한계 및 요구에 대한 근본적인 해결을 위하여 창조경제 정책과 연관 지어 창조경제혁신센터를 설립하였는데 2014년 9월 대구창조경제혁신센터 출범을 시작으로 2015년 7월까지 전국 18개 창조 경제혁신센터 설립하였다. 창조경제혁신센터의 기능은 창업 허브로서 창업 관련 모든 정보와 서비스를 집적하여 국민들의 창의적 아이디어의 사업화와 창업을 원스톱으로 지원하는 지역 창업생태계의 구심점 역할을 하고 있으며 지역 내 창업·사업화 아이디어부터 가치창출(idea to value)까지의 원스톱 플랫폼기능 구축에 역점을 두고 있다〈표 4-2〉.

단계	지원내용
아이디어 발굴	창조경제타운 및 창조경제혁신센터의 각종 프로그램을 통해 우수 아이디어를 발굴하여 비즈니스 모델 등을 구체화
사업화 준비	지역 내 관련기관을 연계·활용하여 시제품 제작(시제품제작터 등), 디자인 시안 제작(디자인센터 등) 등을 통해 사업화 검증 준비
가능성 검증	아이디어의 사업화 성공 가능성 사전 검증 지원 - 대기업 대상 BM 및 시제품 발표기회 제공, 해외시장 검증 지원, 고객반응 모니터링 및 피드백 제공 등
투자유치 지원	검증된 BM 및 시제품의 경우 엔젤, VC 등을 초청하여 투자유치 지원

창조경제혁신센터는 창업기업이 중소·중견기업을 거쳐 글로벌 전문기업으로 성장하도록 밀착 지원하는데 창업 지원을 위해 지역 대학, 출연(연) 등의 보유 장비, 프로그램 등 인적·물적 자원 활용하도록 돕고 있다. 각 혁신센터별로 창업공모전을 비롯하여 마루180(울산), 스파크랩(인천) 등 민간창업 지원기관과 연계하여 창업 관련 전문 프로그램을 운영 중이며 예비창업가, 벤처기업, 벤처캐피털 종사자 등과의 엔젤포럼 등을 정기적 교류 운영하고 있다. 만약 창업자가 창업의지를 다졌다면 각 대학별로 창업보육센터 또는 시도별 창조경제혁신센터를 통해 사무실 등을 저렴하게 임대하고 관련정보를 항시 습득하는 것이 좋다. 창업자는 혼자서 무엇인가를 해결하기보다는 창업정보탐색이 가장 우선이며 정부와 대학기관을 우선적으로 활용하는 것이 중요하다.

<표 4-3> 창조경제혁신센터 주요 성과 사례

구분	성과
JB드론 코리아	전북혁신센터의 멘토링, 자금연계 지원 등을 통해 중국 'Jun Fa Electronic Limited'로부터 20억 원 규모의 투자유치 확정(2015년 8월)
이대공	대구혁신센터의 C-Lab 공모전 1기 졸업기업으로 2015년 7월 서울 안국동에 오프라인 매장 오픈('소비자 맞춤형 디자인의 기능형 가방')
텀퓨어	대학생 창업기업으로 부산혁신센터의 창업공간·기술·금융연계 지원 등을 통해 '텀블러 세척기' 시제품 제작에 성공, 롯데계열 커피전문체인에 납품 논의 중
KPT	화장품 원료제형분야 기술보유기업으로 충북혁신센터와 공동기술개발 및 마케팅 개선을 통해 2015년 7월 구슬모양 화장품 '콜라겐 진주환' 출시, 전국 1,200개 더페이스샵 매장에서 판매 및 글로벌 화장품 기업과 원료공급 협의 진행
한국NSD	CNC방전가공기(드릴) 중소기업으로 충남센터 무역존을 통해 터키에 $43,500수출 계약(2015년 8월), 추가 약 20만 불 계약을 준비 중

출처: 창조경제혁신센터 성과소개자료

제 4 장. 창업 네트워킹

소속 ....

성명 ....

❶ 창업자의 의지, 사업 아이템, 그리고 초기 자금이 창업자에게 중요하지만 창업에 대한 정보를 신속하고 정확하게 파악하는 것 역시 성공적인 창업에 매우 중요하다. 이들 정보를 얻기 위하여 창업자들, 창업지원 기관을 통한 네트워킹을 시행하는데 주로 어떠한 곳에 정보를 획득할 수 있는가?

....

....

....

....

....

....

....

....

....

....

....

....

❷ 창업지원기관에서 지원하는 주요 기능은 무엇이고, 창업초기에는 온라인상에서 창업정보를 얻는 곳은 어디인가?

❸ 창업자는 주로 자신의 창업 사업모델을 발전하고 개선하기 위해서 '엑셀러레이터'로 불리는 창업지원기관과 주로 정보와 교육 등의 지원을 받는다. 엑셀러레이터의 역할과 이들이 지원하는 것은 무엇인가?

❹ 창업 엑셀러레이터에게 도움과 지원을 받기 위해서 창업자가 창업초기에 준비해야 하는 것은 무엇인가?

❺ 누구나가 생각할 수 있는 사업 아이디어와 아이템은 창업 엑셀러레이터의 큰 관심과 주목을 받을 수 없다. 그들의 관심과 주의를 얻기 위해 창업자는 어떻게 해야 하는가?

⑥ 창업자가 외부로부터 사업아이템을 검증받거나 혹은 직접적인 투자를 받기 위해서는 '데모데이' 또는 '피칭데이'에 참가하는 경우가 종종 있다. '데모데이' 또는 '피칭데이'에 참여하기 위해서 무엇을 준비해야 하는지 토론해보자.

제5장
해외 창업지원 사례

제5장
해외 창업지원 사례

제1절 미국

　창업자가 창업하기 좋은 환경에서 미래를 꿈꾼다는 것만큼 중요한 일은 없을 것이다. 질 높은 창업환경을 제공하는 미국도 우리나라와 마찬가지로 다양한 창업제도와 환경을 지원하고 있다. 미국의 경우 중소기업청(Small Business Administration, SBA)에서 창업을 지원하는데 SBA는 각 지역의 중소기업 창업과 고용 창출을 지원하며, 3C의 개념(Capital, Contracting, Counseling)을 근본적인 운영 철학을 토대로 한다. 특히 SBA의 경우, 창업자의 사업에는 최소한 개입만 하며 금융지원을 중심으로 값싼 이자로 대출을 해주거나 우리나라의 신용보증기금 등과 같이 공공기관 또는 금융권과 연결하는 정책을 위주로 지원한다. 특히 창업자가 이용할 수 있는 대출, 보조금, 접근 가능한 공적자원에 대한 소개와 사업계획 시 도움을 받을 수 있는 기관, 상담인력, 등록 등 행정적 절차에 대한 도움을 받을 수 있는 공공기관 등과 같은 정보를 활용하는 방법 등을 중심으로 제공된다(이요행 외, 2012). 반면 우리나라의 SBA에서는 유사한 기능을 제공하지만 직접적인 대출과 보조금 등을 지원하는 것은 정착단계에 머물러 있다. 따라서 창업자가 자금 필요에 의한 대출과 보조금은 직접 금융기관을 방문하여 상담하거나 신용보증기금, 기술보증기금 등 국가 공기업의 상담창구를 이용해야 한다. 이들 기관은 비교적 저리로 대출을 알선하거나 대출해주기도 하지만 아직까지 창업자들에게는 문턱이 높은 편이다.

미국의 창업지원은 주로 창업자들의 애로사항을 상담해주거나 교육을 통해 역량을 증가시킬 수 있도록 돕고 있는데 Small Business Development Centers, Women's Business Centers, Veterans Business Centers, SCORE 등의 기관을 통해 창업자들이 각자의 상황에 적합한 커뮤니티에 들어가서 상호 네트워킹을 형성하고 기관에 소속된 직원들로부터 경영 컨설팅을 받을 수 있도록 알선한다. 특히 미국 전역에서 창업 또는 경영의 경험이 있는 1만 3천 명이 넘는 자원봉사 경영 카운슬러들을 가지고 있는 비영리단체의 SCORE(Service Corps of Retired Executives)가 대표적인 사례라고 볼 수 있다. 아직까지 우리나라는 자신의 현업경험이나 은퇴자를 활용한 자원봉사를 시행하는 경우가 극히 드물다. 또한 SBA는 공공, 민간 부문의 협업을 강조하며 공공 영역과 민간 영역에 있어 정책펀드를 조성하여 창업을 지원한다.

대표적으로 Impact Investment Fund는 기업의 수익에 큰 영향을 받지 않고 사회 전반적으로 긍정적인 영향을 미치는 친환경 사업과 같이 공공성이 높은 사업 분야나 낙후된 지역 경제를 살리기 위한 목적의 창업자에게 투자를 하며, Early-Stage Innovation Fund의 경우 창업자가 초기에 경험하는 극심한 자금 부족을 비교적 안전하게 넘어갈 수 있도록 민간 투자자들과의 자금지원 서비스를 연계시킨다. 우리나라와 유사한 것은 미국의 경우 창업자에게 세금을 면세하거나 일정기간 동안 감세해주는 정책이 활성화되고 있는데 창업자가 설립한 창업회사 및 중소벤처에 투자할 때 해당기업의 주식을 5년 이상 보유한 경우 자본이득세(capital gains tax)의 영구 감면에 대한 내용을 포함시키거나 저소득 지역의 창업 및 중소기업에 대한 민간 투자 관련 세액 공제를 시행하기도 한다.

이처럼 자금이나 세액 공제 등 창업자에게 직접적인 혜택이 갈 수 있도록 시행하는 정책이외에 우리나라의 창업포탈사이트인 K-스타트업(www.k-startup.go.kr)과 같은 창업포탈을 운영하고 있다. BusinessUSA가 바로 그것인데, 창업기업을 지원하는 플랫폼 사이트이며 사업체의 설립, 운영, 성장 등 사업에 관한 모든 서비스와 사업 관련 행사, 뉴스들을 한 눈에 파악할 수 있도록 하는 창업정보 사이트이다. 주로 이용자의 수요를 파악하여 관련 서비스로 연결시켜주고 사업 관련 정보를 한 곳에서 확인할 수 있으며 미국의 각 부처별(농림부, 상무부, 노동부, 수출입은행, 중소기업청) 등과 26개 주요 관련 기관의 자원이 상호 연계되어 있다. 이로써 방대하게 미국 전역에 흩어져 있는 다양한 정책과 기관, 최신 사업 정보를 제공하는 동시에 창업자는 BusinessUSA를 통해 사업 정보를 한 번에 습득할 수 있다. 이것들 이외에 Startup America는 미국의 창업 및 중소기업 투자 활성화, 연구개발 촉진, 고성장 기업 육성, 기업가 정신을 고취시키는 정책계획을(The White House, 2011) 마련하고 The Jumpstart Our Business Startups Act (JOBS Act)라는 법령을 통해 주식을 발행할 수준에 도달한 창업 기업에 대한 기업공개요건을 낮춰주거나 주식 상장 후 부과된 세금을 경감시켜주는 등 성공적인 창업을 돕고 있다.

이처럼 미국의 창업제도와 정책으로 인해 해마다 헤아릴 수 없는 많은 창업자들이 생겨나고 있으며 이에 대한 한 가지 사례를 소개하면 다음과 같다. 스크리브드(영어: Scribd, IPA: ['skrɪbd])는 디지털 도서관 웹 사이트이다. 영어, 스페인어, 포르투갈어로 서비스가 제공된다. Scribd는 디지털 도서관 웹 사이트이며 2007년 트립 아들러와 제러드 프리드먼이 설립한 회사로 방대한 컨텐츠를 보유하고 스스로 출판이 가능하도록 출판 플랫폼을 창업하였다. 한 달 구독료는 8.99 달러이며, 유료가입자만 100만 명이 넘으며 전세계 40개국의 1억명 가까운 사람들이 이용하고 있다. iOS와 안드로이드 스마트폰 및 태블릿에서 이용이 가능하며 현재 1000개 이상의 출판사기 제공한 수십만 권이 넘는 도서가 제공되고 있다. 4천만 권이 넘는 책, 만화책, 오디오책 등 컨텐츠가 제공되고 있으며, "문서들을 위한 유튜브"라 불린다.

2009년, Scribd는 Scribd Store를 만들어 컨텐츠 창작자들이 쉽게 디지털 컨텐츠를 올리고 판매할 수 있도록 하고 있으며 e-book을 판매하는 사업까지 영역을 확장하였다. Scribd는 트립 아들러가 하버드 대학교에 다닐 당시 학술 논문을 출판하는데 길고 복잡한 과정이 필요하다는 것에서 자극받아 시작한 사업이며 아들러는 공동 창업자 프리드먼과 2006년 여름 Y-combinator[7]의 창업자 교육 프로그램에 참여하여 12,000달러의 초기 자금을 지원받아 창업하였다. 이후에 Khosla Ventures, Y-combinator, Charles River Ventures, Redpoint Ventures의 투자를 받아 성장하였다.

제2절 핀란드와 이스라엘

핀란드와 이스라엘은 유럽과 중동에서 창업의 구조적인 체계 및 지원과 정책측면에서 가장 잘 발달한 국가이다. 경제규모는 우리나라보다 크지 않지만 해당 국가의 경제규모, 상황, 여건 등을 고려할 때 우리나라가 창업의 모델로서 우선순위로 다루는 곳들이다. 특히 대기업 중심, 제조업 기반의 수출 중심으로 성장해온 우리나라의 경제구조를 고려할 때 자영업을 비롯한 중소상공인의 창업 육성에 이들 국가의 창업시스템은 정부와 공공기관, 일반 기업들에게 벤치마킹 대상이며 특히 창업자들도 간략하게나마 이들의 창업에 대한 관심이 필요하다.

---

7) 캘리포니아 Mountain View에 위치한 스타트업 엑셀러레이터

(1) 핀란드

핀란드의 창업 생태계는 Vigo Programme과 SLUSH로 축약될 수 있다. Vigo Programme은 핀란드 경제고용부가 2009년 시작한 프로그램으로 핀란드의 혁신, 창업 생태계를 지원하기 위해 디자인된 새로운 엑셀러레이터 프로그램이다. 엑셀러레이터는 창업 생태계에서 창업성공을 돕는 기관이나 자연인을 의미한다. 이 프로그램의 핵심은 Vigo 엑셀러레이터이며, 엄선되고 증명된 창업가 또는 경영자들에 의해 운영되는 독립된 회사들의 집합이며, 엑셀러레이터들은 가능성 있는 창업자들이 빠르고 영리하게, 그리고 안전하게 세계 시장으로 진출할 수 있도록 지원한다. 미국처럼 창업 경영지도 또는 카운슬러의 개념이 아니며 공동의 목표와 발전을 향한 열정을 가지고 일하며 회사에 함께 투자하는 동업자로서의 역할을 수행하고 있다. 우리나라의 엑셀러레이터도 점차 Vigo 프로그램처럼 급변하고 있는 것이 현재의 상황이다. 우리나라의 경우에도 2010년 중반에 단순 경영지도와 창업 생태계에 뛰어든 창업자들을 교육하는 데 집중하였다면 최근에는 경영지도 뿐 아니라 아예 함께 투자하고 만들어가는 방식으로 변화하였다.

창업자는 Vigo 엑셀러레이터로부터 투자를 받을 수 있으며, 창업자의 성장속도와 매출규모 등에 따라 벤처캐피탈 또는 정부로부터 투자를 유치할 수 있도록 플랫폼 역할을 수행한다. 또한 창업자에게 시장과 고객에 관한 전문 지식과 경험을 공유하고 위험 분산을 통해 기업의 신뢰도와 질적 향상을 지원한다. 특히 이러한 창업 생태계 환경에서 다른 창업자들과의 인적 네트워크 및 사업 솔루션을 융합하도록 도와주며 조기에 창업이 정착할 수 있도록 지원한다. 이들의 특징은 게임, 헬스, 라이프 스타일, IoT 등 분야별로 특화되어 있으며 이에 따라 창업자들은 자신이 속한 업종과 시장 환경에 대한 전문성을 갖춰나갈 수 있다.

핀란드의 SLUSH는 Startup Sauna에서 2008년부터 주최해온 유럽에서 가장 유명한 창업 컨퍼런스로, 스타트업 기업을 지원하는 대표적인 엑셀러레이터 프로그램이다. SLUSH의 규모가 세계적인 수준이 되었기 때문에 핀란드 정부의 중소기업지원체계 Team Finland에서 행사 비용으로 지원하며, 창업 기업은 SLUSH에 참여해 투자를 유치 기회를 얻을 수 있고, 핀란드는 국가 측면에서 외국인투자 유치를 활성화할 수 있게 되었다. 즉 전 세계 투자자를 상대로 한 창업자의 IR Show Case인 동시에 전 세계 창업자들 간의 협업할 수 있는 구조의 데모 데이(Demo Day)라고 할 수 있다. 최근 우리나라 중소기업청 등 정부기관을 중심으로 창업열풍을 확대시키고자 핀란드이 SLUSH모델을 벤치마킹하고 정부 중심의 창업 행사를 계획하고 있다.

핀란드의 경우, Supercell이 대표적인 창업성공 사례인데 Supercell은 2010년 6월 핀란드 헬싱키에서 설립된 모바일 게임 개발 회사로 Clash of Clans, Hay Day, Boom Beach를 통해 이미 전세계적으로 유명해졌다. 이 게임들은 2013년 당시 매일 평균 250만 달러의 수익을 올렸고 비평가들에게 긍정적인 평가를 얻었으며 우리나라에서도 게임 유저들에게 인기가 높다. 특히 Supercell에는 투자자들이 1200만 달러를 투자하기도 하였으며 일본의 게임회사 소프트뱅크가 73.2%의 주식 지분을 차지하고 최대 주주가 되었지만 아직 설립자 Ilkka Paananen이 CEO를 맡고 있다. Supercell의 설립자이자 현재 CEO인 Ilkka Paananen은 핀란드 헬싱키 공대(현재 Aalto University로 통합) 석사 출신으로 핀란드 정부에서 운영하는 국립기술청 (TEKES)에서 창업 자금을 지원받아 첫 사무실을 세워 창업에 도전하였다. 현재 Ilkka Paananen은 Aalto Venture Garage (Aaltovg), Aalto 대학에서 운영하는 벤처 초기 자금 지원 엑셀러레이터에서 코치로도 활동하면서 핀란드 창업자들의 육성과 교육에 큰 기여를 하고 있다.

(2) 이스라엘

열사의 땅 중동지역에서 이스라엘은 창업의 오아시스를 만든 나라다. 중동지역은 잦은 종교전쟁과 패권다툼으로 창업이라는 하나의 산업 생태계가 자리 잡기조차 어려운 지역임에도 불구하고 이스라엘 정부의 창업 중심의 초기 생태계 수립노력으로 창업자들 간에는 반드시 벤치마킹해야 하는 창업국가로 알려져 있다. 이스라엘의 대표적인 창업정책은 '요즈마(Yozma)'로서 초기 창업자의 안정화에 집중되어 있다. 요즈마는 자본이나 담보 능력 없이 아이디어만으로 출발하는 벤처기업들에게 자금 조달을 해결해주기 위해 1993년 설립된 정부 중심의 벤처 캐피털이며 연구개발, 사무실 임대, 사업 타당성 조사 등에 보조금을 지급한다. 1998년 정부에서 민간으로 이양되었지만 이때 창업 육성제도로 더욱 확대되어 이스라엘 전체의 투자 분위기를 끌어올리며 창업 벤처 캐피털을 활성화시켰다. 2010년 기준으로 Yozma를 통해 성장한 이스라엘 창업 벤처 캐피털 기업은 88개로 늘었고 첨단 기업들도 이들을 통해 12.6억 달러에 달하는 벤처 캐피털을 확보하고 있다(박상용, 2010).

TNUFA(트누파)는 이스라엘 정부의 창업 자금지원책으로 이 역시 정부에서 지원하는 프로그램으로 연간 120~130개 예비 창업자에게 자금을 지원한다. 통상적으로 약 20%가 인큐베이터 입주 및 투자 유치 등 사업 다음 단계로 나아가는 데 성공하고 있으며 기술 혁신, 기술력, R&D 등 기준에서 3~5년 이상의 경력을 가진 엔지니어 출신 전문가들이 중심이 되는 120명가량의 심사 평가 위원의 철저한 검증을 거쳐 지원 업체를 선정한다고 한다. 연 평균 80여개의 프로젝트가 선정되며 창업자가 수익이 나기 시작하면 1년차에 매출의 3%, 2년차 원금이 4%를 상환해야 하는 조건이고 실패에 따른 특별한 상환 책임도 없는 것으로 알려져 있다. 이러한 시스템으로 초기 창업자의 시장 성공을 통해 투자 손실에 따른 금액을 충분히 감당할 정도가 되었고 별도의 자금 재원은 마련하지 않는 창업 생태계의 선순환을 만들어 놓은 시스템이다.

이밖에 Technology Incubator Program (TIP)이라는 정부지원 인큐베이터 프로그램이 존재한다. 지원 대상이 초기단계에 있는 고 위험성 혁신기술 프로젝트를 다루며 실패를 해도 얻는 것이 있다는 이념과 철학을 내세우고 있다. 특히 기술창업의 경우 성공보다는 실패확률이 높지만 이를 오히려 육성함으로써 혁신기술을 창조하는 새로운 창업 돌파구를 마련해나가고 있는 셈이다. 평균 200~250개 초기 기술창업 중심의 프로젝트를 지원하며 프로젝트별 지원 금액은 이스라엘 정부가 최대 85%, 벤처캐피털인 민간이 VC 15%를 지원하고 있다. 선정된 기업들은 2년 이내에 창업 인큐베이터로서 초기 사업을 시작해야 하지만 바이오테크 및 제약, 클린테크 분야는 연구기간을 고려해 지원 기간을 조정한다. 주로 해당 창업 분야는 의료기기, 바이오, 전자 등 최첨단 정보화 기술과 의약 쪽에 특화되어 있다.

이스라엘의 창업기업인 프라임센스는 수도 Tel Aviv에 기반을 둔 3D 기술 기업으로 Aviad Maizels에 의해 2005년 설립 되었으며 마이크로소프트의 Xbox 360에 Kinect 모션 센싱 시스템에 이용되는 반도체 칩을 설계한 것으로 유명해졌다. 이스라엘 뿐 아니라 국내에도 지사가 있으며, 전 세계 5개국 이상에 지사를 두었으며 2013년 11월 24일 3억 5천만 달러에 애플에 매각됨으로써 성공한 기술 벤처기업으로 유명해졌다. 특히 MIT Technology Review에 세계에서 가장 혁신적인 50개 기업 중 하나로 선정됨으로써 기술 중심의 창업 생태계를 대표하는 기업으로 성장하였다.

제3절 중국

중국의 창업 생태계는 정부의 창업지원 정책은 주로 대도시인 베이징과 상해를 중심으로 활성화되어 있다. 물론 중국 정부가 창업 생태계를 장려하고 지원하지만 중국 정치 특성상 민간 부문보다는 성과 시 단위 창업 생태계가 형성되는 중앙집권적 구조라고 할 수 있다. 창업으로 성공한 대표적 사례는 미국의 아마존과 견줄 수 있는 마윈의 '알리바바'이지만 대부분의 자금을 일본의 소프트뱅크로부터 받아 설립하였기에 2010년 이후의 중국 정부가 창업에 대하여 본격적으로 지원하기 전까지는 창업이 크게 표면적으로 다가오지는 못했다고 볼 수 있다.

중국의 대표적인 창업 생태계 집중 지역은 베이징의 혁신 클러스터인 '중관촌'으로서 중국과학원 등 연구기관 2백 13개, 청화대·북경대학를 포함한 대학교 73개, 첨단 과학기술 인력 37만 8천 명 등을 가지고 있는 과학 기술 클러스터이다. 중관촌은 중국에서 과학과 기술 자원이 가장 밀집되어 있고 혁신이 활발하게 일어나는 지역이기도 하며 레노버, 샤오미 등 중국의 대표 ICT 기업들이 대부분 중관촌 출신이다. 특히 이 지역에는 마이크로소프트와 구글 등 외국계 ICT 기업들도 연구개발센터가 위치해 있으며 관련 창업과 투자가 활발히 일어나는 곳이기도 하다. 중국에는 '꽌시'라는 문화가 있어 자연스럽게 '협업과 상생'이라는 부분으로 이어지기 쉬운 구조를 갖추고 있다. 즉 중관촌에서 성공한 기업은 또다시 중관촌 내 후배 벤처들에게 투자하는 선순환 구조를 가지고 있으며, 레노버 그룹 계열 벤처캐피털사 레전드 캐피털은 현재 30억 달러 규모의 펀드를 운용하면서 200개 이상의 기업에 투자하고 있는 이 회사는 15%는 중관촌 벤처에 투자하고 있다고 한다.

중국은 2017년 신규 등록기업 607만 개에 이르는 등 명실공히 글로벌 창업 대국이며 2018년 〈정부사업보고〉에서 "중국의 하루 평균 신설 기업이 5천여 개에서

1만 6천 여개로 늘어났다"고 지적하는 등 창업정책 성과를 지속적으로 강조하는 분위기다. 실제로 2016년 중국 대학 졸업생(795만 명) 중 창업자(61.5만 명)의 비중은 8.0%를 차지 (한국은 2.8%, 2017년)하여 1조 이상의 자산평가 가치를 지닌 창업 기업인 유니콘(UNICON)의 기업의 수로도 중국은 세계 1~2위를 다투고 있다. 명목상 GDP 세계 2위, 실질구매력 기준 세계 1위(2017년)를 차지하며 특히 전자상거래 관련하여 매년 36.5%씩 성장하는 기록을 갱신하고 있다.

중국 창업 생태계의 특징은 14억 인구와 방대한 지역으로 다수의 지역중심의 창업 생태계가 형성되고 지역적으로 다양성이 확보되는 동시에 내수 소비의 비율이 높다. 또한 창업의 육성정책과 지원시스템도 창업을 추진한 후에 천천히 사후에 안정성을 추구한다는 창업 생태계 특징을 지니고 있으며 정부가 적극 지원하는 수많은 인큐베이터, 엑셀러레이터, 대중창업공간(衆創空間) 보유하고 있다. 특히 2016년 통계에서도 창업 인큐베이팅 대상 1만 곳 초과, 일자리 300만 개 창출, 상장 성공사례 2,000개 등을 기록하고 있다. 워낙 인구가 많다보니 과학기술 창업에서도 월등히 앞서고 있는데 인공지능(AI) 연구 성과는 미국(2위)의 2배 이상(AI 논문편수 중국 5,050편, 미국 2,097편, 인도 981편 등)이며 해외에서 학업을 수행하고 중국으로 귀국한 유학파들이 창업 생태계를 이끌어가면서 '4大天皇'(BATM)(리옌훙(바이두), 마윈(알리바바), 마화텅(텐센트), 레이쥔(샤오미))' 중국 창업자들의 동기부여 및 인큐베이터 역할을 수행하는 것도 다른 나라와의 차별점이라고 할 수 있다.

제6장
창업절차와 과정

제6장
창업절차와 과정

제1절 개인사업자 vs. 법인사업자

'개인사업자'란 창업하고자 등록한 대표자가 경영의 모든 책임을 지는 사업자를 말하며, 개입사업자는 기업을 설립하는 데 「상법」에 따른 별도의 회사설립 절차가 필요하지 않아 법인사업자와 달리 그 설립 절차가 간편하고, 휴·폐업이 비교적 쉽다. 개인사업자는 기업이 완전한 법인격이 없으므로 소유와 경영이 소유자에게 종속하는 기업형태이고, 법인사업자는 기업이 완전한 법인격을 가지고 스스로의 권리와 의무의 주체가 되어 기업의 소유자로부터 분리되어 영속성이 존재할 수 있는 기업형태이다.

(1) 인 · 허가 신청

개인사업자로 창업을 할 경우, 대부분의 업종에 대해서 특별한 규제나 제한 없이 사업을 시작할 수 있으나 특정한 업종의 경우에는 관계법령에 따라 사업개시 전에 행정관청으로부터 사업에 관한 허가를 받아야 하거나 행정관청에 등록 또는 신고를 마쳐야 하는 경우가 있다. 가령, 화장품 중계업 및 식품 중계업을 할 경우에는 식약처로부터 관련된 제품을 취급, 유통, 판매함에 있어 사업허가와 샘플에 대한 인증 실험성적서를 받아야 하고, 전자 상거래를 할 경우에는 해당 거주지 또는 사업지 구청에서 발급하는 통신판매허가서를 취득해야 한다. 즉 창업하는 업종에 대한 사업허가·등록·신고사항의 점검은 업종선정 과정과 함께 창업절차에 있어서 우선적으로 검토해야 할 사항이다. 왜냐하면, 이들 업종의 경우 관청의 인·허가 및 관리대상의 업종으로서 사업허가나 등록·신고 등을 하지 않고 사업을 하게 되면 불법이 되어 행정관청으로부터 사업장 폐쇄, 과태료, 벌금 등의 불이익 처분을 받게 될 뿐만 아니라, 세무서에 사업자등록을 신청할 때도 사업허가증이나 사업등록증 또는 신고필증을 첨부하지 않으면 사업자등록증을 받을 수 없기 때문이다. 따라서 중소기업청의 기업지원플러스 G4B(www.g4b.

〈표 6-1〉 개인사업자와 법인사업자의 비교

구분	개인사업자	법인사업자
창업 절차	관할관청에 인·허가를 신청 세무서에 사업자등록 신청	법원에 설립등기 신청 세무서에 사업자등록 신청
자금 조달	사업주 1인의 자본과 노동력	주주를 통한 자금 조달
사업 책임	사업상 발생하는 모든 문제를 사업주가 책임	주주는 출자한 지분 한도 내에서만 책임
해당 과세	사업주: 종합소득세 과세	법인: 법인세, 대표자: 근로소득세 일반적으로 소득금액이 커질수록 법인에 유리
장점	- 창업비용이 적게 들어 소자본으로 창업 가능 - 기업 활동이 자유롭고, 신속한 계획수립 및 변경이 가능 - 일정규모 이상으로는 성장하지 않는 사업에 적합 - 인적조직체로서 제조방법, 자금운용 상의 비밀유지가 가능	- 대외공신력과 신용도가 높기 때문에 영업수행과 관공서, 금융기관 등과의 거래에 있어서 유리 - 주식회사는 신주발행 및 회사채 발행 등을 통한 다수인으로부터 자본 조달이 용이 - 일정 규모 이상으로 성장 가능한 유망사업의 경우에 적합
단점	- 대표자는 채무자에 대하여 무한 책임을 짐. 대표자가 바뀌는 경우, 폐업을 하고 신규로 사업자등록을 해야 하므로 기업의 계속성 단절됨 - 사업양도 시에는 양도된 영업권 또는 부동산에 대하여 높은 양도 소득세가 부과됨	- 설립절차가 복잡하고 일정 규모 이상의 자본금이 있어야 설립가능 - 대표자가 기업자금을 개인용도로 사용하면 회사는 대표자로부터 이자를 받아야 하는 등 세제상의 불이익이 있음

〈출처: 중소기업청, 온라인재택창업시스템(www.startbiz.go.kr)〉

go.kr)에서 제공하는 각 업종별 인·허가 여부를 미리 확인하고 창업자가 하고자 하는 사업아이템이 관청의 사전 등록 및 인허가 업종인지를 확인할 필요가 있다.

〈표 6-1〉은 개인사업자와 법인사업자의 주요 특징을 창업절차, 자금 조달, 사업의 책임과 세금부여 등의 관점에서 구분하여 정리해 놓은 것이다. 창업 아이템에 따라 해당 구분은 세부적으로 달라질 수 있기에 앞서 언급한 바와 같이 사업 아이템 선정을 위해 사전에 관련 기관 홈페이지 및 관계 기관에 사전 확인하는 것이 좋다.

앞의 표에서 알 수 있듯이 창업자는 창업 초기에 개인사업자로 시작할 것인지, 법인 사업자로 시작할 것인지를 결정해야 하는데 이는 창업초기 준비자금인 창업자금과도 깊은 연관성이 있다. 대부분의 1인 창업 등 소자본 창업의 경우에는 개인사업자로 시작했다가 일정한 소득이 발생하고 사업의 업력이 쌓인 후에 법인 사업자로 전환하는 경우가 대부분이다. 하지만 창업의 아이템에 따른 창업 규모가 크고 처음부터 팀 단위의 창업이 필요하며 동시에 창업을 시작할 팀원들이 각자 일정금액으로 투자하여 시작한다면 법인사업자가 유리할 수도 있다. 개인사업자와 법인사업자의 장단점에서 볼 수 있듯이 법인 사업자의 경우 금융기관이나 투자자 등으로부터 투자를 받기에 유리하며 각종 세제 혜택도 개인 사업자에 비해 더 많을 수 있다. 동시에 대기업 또는 정부기관 등을 대상으로 한 B2B 영업과 마케팅을 목표로 한다면 작은 규모이지만 법인 사업자로 등록하는 것이 좋다.

(2) 사업자등록 신청

창업자는 사업장마다 다음의 서류를 사업 개시 일부터 20일 이내에 사업장 관할 세무서장에게 제출하여 사업자등록을 신청해야 한다. 사용자등록 신청내용은 〈표 6-2〉를 참조하기 바란다.

(3) 사업자등록증의 발급

사업자등록 신청을 받은 세무서장은 사업자의 인적사항과 그 밖에 필요한 사항을 기재한 사업자등록증을 신청일로부터 3일 이내에 신청자에게 발급해야 한다. 사업자 등록번호를 한번 부여받으면 특별한 경우 외에는 바뀌지 않고 평생 사용하게 되는데, 사람이 살아가면서 주민등록번호에 의해 많은 사항들이 관리되듯이 사업자들은 사업 자등록번호에 의해 세적이 관리되게 되므로 사실대로 정확하게 사업자등록을 해야 한다. 사업을 하면서 세금을 내지 않거나, 무단 폐업하는 등 성실하지 못한 행위를 할 경우 이러한 사항들이 모두 누적 관리되므로 유념해야 한다.

〈표 6-2〉 사업자등록신청 내용

구분	첨부서류
1. 법령에 따라 허가를 받거나 등록 또는 신고를 해야 하는 사업의 경우	사업허가증 사본, 사업등록증 사본 또는 신고 확인증 사본
2. 사업장을 임차한 경우	임대차계약서 사본
3. 「상가건물 임대차보호법」제2조 제1항 에 따른 상가건물의 일부분 임차한 경우	해당 부분의 도면
4. 「조세특례제한법」제106조의3 제1항에 따른 도매 및 소매업	사업자금 명세 또는 재무상황 등을 확인할 수 있는 자금출처명세서
5. 「개별소비세법」제1조 제4항에 따른 과세 유흥장소에서 영업을 경영하는 경우	사업자금 명세 또는 재무상황 등을 확인할 수 있는 자금출처 명세서
6. 「부가가치세법」 제8조 제3항 및 제4항 에 따라 사업자로 등록하려는 사업자	사업자 단위 과세 적용 사업장 외의 사업장에 대한 위의 서류 및 소재지·업태·종목 등이 적힌 사업자등록증
7. 액체연료 및 관련제품 도매업, 기체연료 및 관련제품 도매업, 차량용 주유소 운영업, 차량용 가스 충전업, 가정용 액체연료 소매업과 가정용 가스연료 소매업	사업자금 명세 또는 재무상황 등을 확인할 수 있는 자금출처명세서
8. 재생용 재료 수집 및 판매업	사업자금 명세 또는 재무상황 등을 확인할 수 있는 자금출처명세서

(4) 세무서의 직권등록 및 미등록 시 불이익 등

만약 사업자가 사업자등록을 하지 않는 경우에는 관할 사업장 관할 세무서장이 조사하여 등록할 수 있다. 사업자등록을 신청기한 내에 하지 않은 경우에는 사업 개시일 부터 등록을 신청한 날의 직전 일까지의 공급가액의 합계액에 1%를 곱한 금액이 가산세로 부과 된다. 또한 사업자 등록을 하지 않으면 등록 전의 매입세액은 공제를 받을 수 없다.

제2절 창업절차와 과정

일반적인 창업절차를 단계별로 구분하여 살펴보도록 하자. 개인사업자 등록 또는 법인 사업자 등록은 창업 준비가 어느 정도 수준에 이르렀을 때 시행해도 상관없다. 미리부터 사업자를 등록해서 창업을 준비해야 하는 경우는 없으나 전자상거래와 같이 소자본 창업의 경우에는 본격적인 창업을 시작하기에 앞서 2~3개월 전에 미리 준비하는 것이 좋으며 보습학원 등과 같은 창업은 교육청 등에서 관련 인허가를 받아야 하므로 시설 임대, 기자재를 이미 갖추어 놓은 상태에서 해당 기관이 시설허가를 검수하므로 사업자 등록은 미리 해두는 것이 좋다. 본격적인 사업개시까지 세금 등 기타 불이익은 거의 없다고 보면 된다. 따라서 사업자 등록을 할 경우, 미리 하는 것이 좋은지, 관련 시설을 정비한 후에 하는 것이 좋은지를 해당 기관 또는 세무사에게 문의하여 시점을 결정한다.

□ **1단계 : 창업예비 단계**(창업 전 단계로 구체적 사업계획 수립단계)

(1) 창업 업종 사전 조사

창업은 창업자나 직원들의 경험, 지식 등을 기반으로 새로운 차별화된 아이디어를 발굴하여 고객에게 제품 또는 서비스를 제공하는 것이므로 창업자는 창업하려는 업종의 특징을 잘 파악하여 차별화된 전략을 수립하고 양질의 상품을 제공하기 위한 관리계획도 고려해야 한다. 특히 구상하는 창업 업종 중에는 공중위생과 관련이 있는 업종, 사행행위 등 행정규제가 필요한 업종, 전문적 지식과 기술이 요구되는 업종 등이 있을 수 있으므로 개별법령에서 시설기준, 자격조건 등의 규정 내용을 파악하여 자신이 창업하려는 업종이 관련법에 의해 인.허가 또는 신고가 필요한 업종인지 여부를 파악하여야 한다.

(2) 사업의 차별적 핵심요소 결정

창업을 통한 차별적 혜택을 고객에게 부각시키고 전달, 제공할 수 있어야 하므로 차별적인 핵심요소를 개발하고 결정해야 한다. 따라서 사업아이템 선정, 사업규모와 기업형태 결정, 창업 조직구성에 대한 결정을 하게 되는데, 기본적으로 사업아이템이 어떠한 시장과 업종에 적합한 것이며, 경쟁업체와 비교하여 차별화된 제품과 서비스인지에 관한 기준을 결정해야 한다. 고객이 쉽게 제품과 서비스를 차별화된 혜택으로 인지하고 이용할 수 있는지, 신뢰할 수 있는 제품과 서비스를 제공할 수 있는지 살펴보아야 한다. 향후 창업에 관한 사업규모는 자금 조달 능력을 고려하여 결정할 수 있기 때문에 제공하고자 하는 제품 또는 서비스의 형태가 차별적인 혜택, 고객중심적인 제품과 서비스인가를 가장 먼저 고려하여 설계해야 한다. 가령 제품의 생산과 제조가 아닌 서비스업이라면, (예를 들어, 부동산관련서비스업, 여행업, 수리업 등) 법인형태보다는 창업 절차가 간단한 개인 기업형태가 유리할 수도 있다.

〈그림 6-1〉아이디어 기술창업 지원 프로세스

아이디어 발굴 (Idea Discovery)	아이디어 고도화(Idea Development)			창업 (Start-up)
	Idea 정교화 (Idea Spark)	Idea 실증화 (Idea Factory)	네트워크 (Network)	
사업 홍보 Idea PT	BM 도출 IP 전략 기술자문	Prototype 제작 지원	창입 네트워크 투자 연계	창업 행정 지원 창업 공간 연계

(3) 사업타당성 분석과 사업계획서 작성

창업의 차별적 제품 또는 서비스 제공에 관한 핵심적인 차별화를 기반으로 사업타당성 분석을 시행한다. 기본적으로는 어떠한 시장으로 진입할 것이며, 해당 시장에 고객은 충분한지, 해당 시장의 고객은 충분한 지불능력을 확보하고 있는지, 해당 시장의 고객이 다른 시장의 고객과 충분히 구별될 수 있는가 등 다양한 사업타당성의 측면을 고려하여 분석한다. 사업타당성이 긍정적인 결과가 도출되면 구체적인 사업계획서를 작성하여 창업 내부 직원들이 의도한 업무절차대로 업무를 수행할 수 있도록 하는 것이 중요하다. 사업아이디어를 바탕으로 창업자 개인이 모든 것을 수행할수 있다고 하더라도 어느 정도의 방향성은 공유하여야 구성원들이 업무수행을 올바른 방향으로 할 수 있다. 그만큼 사업계획서는 전체적인 창업기업의 비전과 미션, 구체적인 목표를 적시해야 한다. 만약 큰 방향성을 공감할 수 없다면 구성원들은 혼란에 빠지고 창업기업에 대한 열정과 열의도 식을 것이다. 특히 사업계획서 작성에서 창업아이템이 타인에게 타당성 있도록 객관적인 자료조사를 근거로 수요와 마케팅계획, 예상매출액과 수익성도 합리적이고 객관적인 방법으로 추정하여 작성하는 것이 매우 중요하다.

사업계획서는 향후 지속적인 창업 기업의 투자와 주식시장의 상장까지 예측하는 것이므로 철저하게 작성하되 너무 구체적인 부분까지 구성원들과 공유할 필요는 없다. 창업 역시 정보 보안이 중요할 수 있기 때문에 큰 방향성을 상호 공유하고 세세한 구체성을 명시하는 것은 초기 준비단계에서 불안감을 조성할 수도 있다. 만약 일반적인 경영 또는 경영과 관련된 부분의 지식이 부족한 경우에는 창업넷 등 정부기관에서 제공하는 다양한 사업계획서 양식과 항목을 꼼꼼히 살펴보고 이를 활용하는 것이 현명하다. 이러한 양식들은 정부에서 창업 자금을 지원할 때 평가하고 판단하는 기준으로서 창업에 대한 아이템과 충분한 시장 조사 자료가 있음에도 불구하고 사업계획서를 작성해보지 않은 창업자들이 많기 때문에 초기창업자라도 큰 무리 없이 사업적으로 논리적 접근이 가능하다. 그러므로 창업자는 창업 아이템을 탐색, 발굴하기에 앞서 정부 또는 지자체에서 무료로 제공하는 사업계획서 샘플을 온라인으로 받아 해당하는 양식과 내용을 자세히 살펴본 후, 해당 항목의 내용을 어떻게 채워나갈 것인가를 중심으로 창업 설계를 하는 것도 바람직하며 시간과 자원을 절약할 수 있는 방법이다.

□ 2단계 : 사무실 입지선정 단계(창업의 구체적 실행단계)

(1) 입지 타당성 분석

창업 아이템이 외부 매장 또는 점포가 필요한 경우에는 처음 설립하는 곳의 입지 타당성을 분석해야 한다. 주변 상권은 물론이거니와 고객들이 쉽게 접근할 수 있는 장소인지 등 접근의 용이성을 기준으로 선정하는 것이 좋다. 하지만 이미 상권 또는 입지적으로 좋은 위치는 임대료 또는 임대조건이 창업자의 예상을 뛰어넘는 곳이 많기 때문에 이에 대한 자금의 활용 계획이 필요하다. 특히 이미 경쟁자가 시장 지위를 확보하고 있는 곳은 가급적 피하는 것이 좋으며 그럼에도 불구하고 주요 상권에 진입해야 하는 경우에는 사업 아이템이 충분히 임대료 및 시설비용을 감당해 낼 수 있는 매출과 수익으로 담보될 수 있는지 검토가 필요하다. 입지 결정시 선정된 해당 입지가 창업자 자신의 재무적 역량에 적합한지를 사전에 확인해야 한다. 즉 사무실 보증금 및 권리금, 사무실 임대기간 연장가능성, 임대료 인상율 등을 고려하여 결정해야 한다. 이처럼 매장 또는 점포를 중심으로 창업을 전개할 때는 오프라인 상에 입지타당성을 분석하고 예상 지역, 주변상권 등 현장을 자주 방문하여 정확한 유동인구의 흐름과 주변 경쟁매장을 방문해야 한다. 오프라인 매장 또는 점포가 처음부터 창업기획과 준비단계에서 필요하지 않은 경우에는 사업주소로 지정할 수 있는 곳의 사무실만 갖추면 된다.

(2) 사무실계약조건 및 하자 등 확인

창업 아이템에 따라 사업을 전개하는 입지(물리적 환경)가 필요한 경우가 있고, 그렇지 않은 경우가 있다. 그러므로 오프라인 상에 입지가 반드시 필요한 것은 아니다. 사업 전개상 판단에 따라 시점과 장소를 결정하여 시행한다. 그러나 단독 창업이 아닌 팀 단위 창업 구성원들이 함께 준비할 경우에는 함께 모여서 회의와 논의가 필요한 공간이 요구된다. 최근 창업공간을 제공하는 곳이 상당히 많이 있기 때문에 최소한의 비용으로 활용하는 것도 좋은 방법이다. 정부에서 운영하는 혁신센터 또는 지자체 창업공간을 저렴하게 임대하거나 각 대학별로 창업보육센터가 있기에 대학별 산학 담당자에게 문의하여 입주하는 것이 좋다. 창업에 적합한 사무실을 선정하면 사무실 계약조건 및 하자여부 등을 확인해야 한다. 만약 별도의 사무실이 필요한 경우에는 사무실계약에서 매도자(양도자)의 의도, 시설에 대한 하자, 사무실에 대한 법률적 문제 등을 확인하고 계약조건과 대금지불에 따른 서류는 반드시 확보해 두시는 것이 좋다. 특히 해당되는 사무실 또는 임대 점포의 세금이 체납되어 있거나 또는 다른 사람의 이름이나 기관으로 근저당이 잡혀있거나 혹은 원주인이 한명이 아니고 여러 명으로 소유권이 분산되어 있는 경우에는 향후에 법률적인 문제가 발생할 수 있으므로 법무사 또는 전문변호사에게 일정의 금액을 지불하고 계약 시 법률적인 자문을 미리 받아두는 것이 중요하다. 이러한 금액을 아끼기 위해서 창업 시 법적 분쟁이 벌어질 경우에는 더욱 심각한 사업적, 정신적, 재산적 피해가 발생하므로 미리 사전에 정확한 법률적 분쟁 예방조치를 해 놓는 것이 필요하다. 특히 사무실을 임대할 경우에는 임대인과 사업장 주소로 사용할 수 있는지 확인해야 하며 개인사업자 또는 법인사업자 등록 시 임대인과 체결한 임대차 계약서를 첨부해야 사업자등록이 완료될 수 있다.

□ **3단계 : 개업 준비 단계**(개업을 위한 준비 단계)

(1) 사무실 환경정비(인테리어 등)

사무실계약이 끝나면 개업을 위한 사무실 환경정비(인테리어, 전기공사, 방범/보안공사, 집기/사무기기 구입 등)를 기획하고 시작하게 된다. 사무실 환경정비에는 많은 비용이 소요되고 사후관리가 필요하므로 믿을 수 있는 업체를 선정하는 것이 좋으며, 특히 사후의 관리기간을 두어 추가적인 비용의 손실을 미리 막아야 한다. 예를 들어, 소상공인의 경우, 토탈 서비스협력공동체(인투밸류.com)에서 소상공인의 창업과 관련 모든 서비스를 원스탑 토탈 서비스로 제공하고 있으므로 이를 참고해 보는 것도 좋을 것이다. 따라서 정부 또는 지자체에서 보증하거나 확인해줄 수 있는 업체로의 선택이 중요하다. 창업자가 명심해야 하는 것은 너무 처음부터 화려하게 인테리어 등 환경정비에 비용을 투자하지 말아야 한다. 간단하게 책상과 컴퓨터, 복사기, 정수기 등 필요한 비품들만 가능하면 월 임대료 또는 구독 서비스를 이용하는 것이 좋으며 인테리어가 어느 정도 갖추어진 곳을 찾아 계약하는 것도 방법이다. 이들 시설은 시간이 지남에 따라 노후되어 감가상각비용이 지속적으로 발생하므로 초기부터 비용을 들이지 않는 방향으로 기획하는 것이 좋다.

(2) 직원채용 및 교육

본격적인 사업 준비를 마치고 영업에 들어가기 위해 필요한 인원을 채용하고 교육을 진행하게 되는데, 이 때 각 부서별 원활한 업무협조와 직원상호간의 화합뿐만 아니라 경영방침을 전 구성원이 동감하고 실천할 수 있도록 분위기를 조성하는 것이 중요하다. 가장 중요한 것은 직원들의 R&R(Resource & Capability)를 명확하게 정의하고 이러한 정의가 급여와 성과급, 인센티브까지 연동될 수 있도록 설계해야 한다. 단독 창업일 경우는 본격적인 매출과 수익이 발생하기 전까지 직원고용은 가급적 고려하지 않는 것이 중요하며 그 외의 팀 단위 이상의 창업을 시작할 경우에는 직원들이 채용되어 무슨 일을 할 것이고, 해당하는 업무가 어떠한 성과를 창출하게 될 것인지 창업자가 스스로 기획을 해야 한다. 이 부분이 초기부터 설정되어 있지 않으면 직원들은 업무로 평가받고 성과를 인정받기에 다양한 불만이 쌓이게 되고 불안감이 생기기 마련이다. 따라서 직원들이 수행해야 할 업무를 중심으로 채용하겠지만 단순 업무를 수행할 경우, 외부 아웃소싱을 권장하고, 지속적인 업무의 수행 필요성이 있을 경우에만 직원을 고용하는 것이 좋다.

(3) 경영전략 수립

창업에서의 경영전략은 일반적인 업종에서의 활용하는 마케팅전략과는 차이가 있다고 할 수 있다. 물론 매출과 이익의 목표를 설정하고 이를 달성하는 것이 가장 중요하며, 높은 부가가치를 창출하기 위해서는 대상고객과의 효율적인 상호작용이 지속되어야 하는데 이러한 효율적인 상호작용은 직원의 기술과 업무를 지원하는 과정에 따라 좌우되기 때문에 기업이윤과 구성원 및 고객을 만족시킬 수 있는 연결고리를 찾아 이에 맞는 경영전략을 수립하는 것이 중요하다. 최근에 창업 생태계에서는 경영전략을 소프트웨어 프로그램을 개발할 때 활용되어오던 '애자일'(Agile) 방법론을 활용하기도 한다. 애자일에서는 불확실성이 중요하기 때문에 불확실성이 높을 때 일을 하면 '우리가 생각하던 것과는 다르네.'라는 상황이 오게 된다. 이러한 경우와 상황적 조건이 창업 생태계에 적합하다는 가정 하에 생각한대로 전략이 적용되지 않을 때 상황에 따라 신속히 수정하여 계획과 전략을 변경하는 방법이다. 비지니스 가치(사업적 가치)가 클수록 불확실성도 커지기 때문에 애자일 방법론을 적용하여 사업전략을 수립하기도 한다.

〈표 6-3〉 창업절차에 따른 추진과제와 주요 내용

구분	추진과제		주요 내용
아이디어 발굴 (Idea Discovery)	창업 의지/창업아이템 탐색		· 문제점 발견과 탐색을 통한 창업 아이디어 개발 및 의지
	창업아이디어 정리/준비구성 (업종/업태 등 법률검토)		· 아이디어 혁신성, 차별성, 사업화 가능성 및 파급효과 등을 정밀 검토
아이디어 고도화 (Idea Development)	아이디어 정교화	BM 도출	· 아이디어 권리화를 위한 IP 전략 구축과, 사업 BM 도출 등 사업 전략 수립
		IP 전략	
		기술 자문	· 외부 기술전문가를 활용한 기술자문, 애로사항 해결 및 공백기술 확보 지원
	아이디어 실증화	Prototype 제작	· 아이디어의 실증화를 위한 프로토타입 제작
	창업 네트워킹	창업 네트워크	· 창업 및 사업화를 위한 전문가 네트워크 구축 · 창업 자금 확보를 위한 사업계획 수립 및 투자자 연계
		투자 연계	
창업 (Start-Up)	창업 행정절차 준비 (사업자 등록 등)		· 아이디어를 신속히 사업화 할 수 있도록 창업과 관련한 행정절차 수행 및 특허 등록에 필요한 준비
	창업 공간 마련		· 창업공간을 필요로 하는 경우, 창업보육센터 등 창업 공간 마련
단독 창업 또는 팀 단위 조직구성			· 창업 실행준비 및 필요시 팀 단위 창업 조직 구성 · 조직원들의 R&R 세분화 및 성과/보상체계
경영 계획 수립			· 3개년 사업 및 경영계획 수립 · 마케팅/영업/재무/기술 등과 수요예측
시제품 Test Market 시행			· 일정기간 동안 핵심 예상 고객을 대상으로 테스트 시행 · 개선 및 보완책 마련을 통한 런칭 준비
창업			· 개업 및 창업 시작

제 6 장. 창업 절차와 과정

소속 ....

성명 ....

❶ 창업자가 설립할 창업회사는 크게 개인사업자와 법인사업자로 구분될 수 있다. 개인사업자와 법인사업자의 주요 특징을 창업절차, 자금조달, 사업 책임, 과세유무의 관점에서 설명하시오.

❷ 개인사업자와 법인사업자의 각각의 장점과 단점을 설명하시오.

❸ 창업자 개인이 독립적 또는 작은 규모의 인원으로 사업으로 시작할 때, 개인사업자 등록에 필요한 절차에 대해 논하시오.

❹ 창업자는 차별적 혜택을 고객에게 부각시키고 전달, 제공할 수 있어야 하므로 차별적인 핵심요소를 개발하고 결정해야 한다. 접근방법으로 어떻게 하는 것이 좋을지 토론해보자.

❺ 만약 창업자가 오프라인 사무실 또는 매장 점포가 포함되는 창업을 고려할 때 주의할 사항에 대하여 서술하시오.

❻ 창업자가 창업절차에 따른 추진해야 할 과제를 단계별로 서술하고 반드시 점검해야 하는 업무를 기술하시오.

제7장
창업아이디어 선정

창업아이디어 선정

제1절 창업아이디어 조건

창업 준비 단계에서 가장 중요한 것은 창업아이디어를 탐색하는 일이다. 어떠한 사업아이템으로 창업을 준비할 것인가는 창업자들에게 전체 준비과정 중에서 가장 고민스러운 작업이 될 수 있다. 예비창업자들이 훌륭한 아이디어를 가지고 있다고 하더라도 유사하거나 거의 동일한 아이디어를 이미 누군가가 시장에서 준비할 수 있고 실제로 사업으로 이어지기 위해서는 아이디어의 실효성과 사업성을 갖추어야 하기 때문이다. 한편 사업아이디어가 잘 떠오르지 않아 본격적인 창업단계로 진입하지 못하기도 경우도 다반사이다. 이에 창업 아이디어를 탐색하고 선정하는 접근방법을 살펴보기로 하자.

- 고객의 기존 제품 또는 서비스를 이용할 때 자주 표현하는 불편함은 무엇이고, 불편함은 주로 어떻게 해결하고 있는가?
- 아이디어를 사업으로 활성화되기 위해서 어떠한 전제와 가정(假定)이 존재할 수 있는가?
- 아이디어가 충분하고 새로운 시장과 고객으로 창출될 수 있는가?
- 아이디어를 실제 구현하는 데 기술 등 특별한 지식과 경험이 요구되고 있지는 않

는가?

- 아이디어가 실제로 시장에 선보였을 때, 시장과 고객이 차별적인 가치를 제공하고 있다고 느낄 수 있는가?

(1) 생활 속의 불편함 해결

창업아이템으로서 가장 쉽게 접근할 수 있는 것은 생활 속에서 느끼는 불편함을 해소하거나 해결할 수 있는 방안 또는 대안을 제시하는 것이다. 수많은 성공 창업자들이 예비창업자들에게 조언하는 접근방식이다. 만약 창업자의 아이템이 기존 고객의 생활 습관이나 성향을 바꾸어야 하는 아이템이라면 향후 사업화하기에 쉽지 않다. 고객은 오래된 습관이나 성향을 변경해가면서까지 새로운 제품이나 서비스를 이용하려고 하지 않는다. 만약 바꾸어야 한다면 기존에 없던 특별한 가치를 제공해야 한다.

특별한 가치란 소위 이 세상에 처음 소개되는 발명품과 같은 것이다. 그러나 이러한 것은 거의 존재하지 않는다. 필름으로 현상, 인화하던 사진기가 디지털로 바뀐 사례다. 이 역시 오랜 시간과 다양한 기술적 노력이 들어갔다. 디지털로 바뀌었다고 누군가가 독점하고 있지는 못하다. 이처럼 불편함(오랜 습관을 변경하는 데에서 기인하는)을 감수할 만큼의 가치를 새로운 아이템이 획기적으로 제공하지 않는다면 고객들은 결코 바꾸려 하지 않는다. 그만한 가치를 제공하려면 진정 혁신적인 기술의 적용이나 대체할 만한 해결방법이 나오지 않을 경우, 오랫동안 시장으로부터 강력한 요구로 등장해야한다. 이는 초기 창업자들에게 적절한 아이템으로는 성공 가능성이 희박하다.

여기서 말하는 혁신이란 예를 들어 인터넷을 발명한다던지, 윈도우를 대체할만한 새로운 기술을 바탕으로 한 솔루션이 나와야 하는 것이다. MicroSoft사의 마이크로소프트 오피스와 같은 독점적인 제품과 솔루션은 인터넷이 발달, 진화하려는 시기와 디지털시대로의 전환점에서 새롭게 탄생한 것이며 국가적인 지원과 정책도 뒤따른 발명품과 같은 것이다. 창업자는 새로움을 발명하기보다는 생활 속의 불편함을 해결책을 탐색하고 발견하는 것이 보다 쉬운 접근방향이다. 따라서 간단하지만 미처 생각하지 못한 불편함을 탐색하고 이를 해결할 수 있는 방법을 모색하는 것이 바람직하다.

예를 들면, 1인 무자본 창업자 중에 이러한 불편함을 해결함으로써 성공을 거둔 사례도 있다. 10여전부터 중국수출이 늘어감에 따라 기업의 주재원들이 중국으로 파견되는 사례가 많이 증가하고 있었다. 일반적으로는 중국어를 잘하는 기업의 직원들을 선발하여 중국으로 파견하였으나 정보 관리 필요성이 늘어가고 해당 기업의 충성도를 반영한 주재원들이 중국으로 파견됨에 따라 중국어를 배워야 하는 필요성도 함께 증가하였다. 보통은 중국어를 배우기 위해서는 학원에 등록하거나 중국 현지의 기업으로 강사를 초빙하여 학습하였으나 일정한 시간에 중국어 학습은 어려운 일이 되어버렸다.

이에 창업자는 중국에서 중국어를 개인 교습하는 아이디어를 떠올렸다. 국내 구몬학습 또는 눈높이 선생님과 같은 방식을 중국어 개인교습에 적용해 보고자 한 것이다. 당시 중국에서는 중국인으로서 국문학과를 졸업하는 사람들이 마땅한 직업을 구하기 어려웠고 대다수 학원 출강 또는 다른 업무에 종사하는 사례가 다수였다. 창업자는 중국인으로서 국문학과를 졸업하고 약간의 영어를 구사할 수 있는 사람을 강사로 모집하고 한국 주재원들과 그의 가족들을 대상으로 개인교습 사업을 전개하였다. 거의 무자본 창업이었다.

주재원들과 가족들이 중국어를 공부하고 창업자가 해당 비용만큼 세금계산서를 발행해주면 한국기업에서 주재원들의 어학학습에 대한 교육비를 지급하는 방식을 택했다. 중국어 학습교사들이 저녁에는 퇴근한 주재원들을 1주일에 두세 번씩 1:1 학습을 가정에서 실행하고, 낮에는 해당 주재원 가족들의 중국어를 학습시키는 사업모델이었던 것이다. 창업자는 중국어 학습교사들의 일정관리, 혹시라도 학습교사들이 학습에 참가하지 못할 만일의 경우를 대비한 대체 강사 일정을 제공하는 정도의 수준에서 사업관리를 하게 되었다.

창업자는 전통적으로 수십여 년간 과외 또는 학원 학습이라는 국내에서 잘 알려진 사업모델을 해외에 적용하여 큰 수익을 올리는 창업자로서 성공을 거두게 되었다. 이러한 사업아이템은 중국뿐 아니라 베트남, 인도네시아 등 다른 나라도 적용 가능한 모델이다. 즉 주재원과 그들의 가족의 언어적 장벽과 문제를 해소하겠다는 것과 기존의 낯설지 않은 사업모델을 가지고 창업에 성공한 경우다. 이처럼 복잡하지 않고 단순하게 문제를 해결하는 방식으로 창업아이템에 관한 접근방법을 생각해 볼 필요가 있다.

(2) 사업 활성화의 가정과 전제조건

창업아이템을 사업적으로 활성화하기 위해서 너무 많은 가정이 필요로 한다면 이러한 가정과 조건들을 하나씩 둘씩 제거한(최소한 제거할 만한 상당한 준비를 한) 후에 창업을 시작하는 것이 효과적이다. 즉 사업아이템을 사업화하기 위해 시장에서 너무 많은 파트너와 직원이 필요하던지, 기술적으로 복잡하여 기술특허가 요구되는 등 너무 많은 시간과 자원이 요구된다면 창업 아이템으로서 다시 제고해 볼 필요가 있다.

예를 들어, 대부분의 창업자들이 흔한 창업아이템으로 머릿속에 떠올리는 것이 바로 '앱'을 만든다는 것이다. 어떠한 문제를 해결하기보다는 '앱'을 만들어 해결하겠다는 결론에 도달한다. 즉 창업의 시작이 '앱' 만들고 끝이 나는 경우가 많다. "우리가 만든 앱을 많은 사용자들이 다운로드 받는다면 광고료를 받는 수익모델로 연결이 가능하고" 라는 기본적인 수익모델 가정을 생각하고 많은 사용자들을 다운로드 받게 하는 것이 사업성공의 핵심 포인트라고 전제한다. 이처럼 '앱'이 모든 것을 해결해주는 만능열쇠처럼 접근한다면 창업 아이템으로서 굉장한 문제점을 지니고 있는 것이다. '앱'에 창업자들이 집착하는 이유는 창업자의 독점적인 시장 통제력을 강화하는 수단으로서 '앱'이라는 비교적 보편화된 도구를 생각한다는 것이고, 특히 인터넷과 젊은 층에서 '앱'의 활용도가 높으며, '앱'의 활용도가 높은 것에 수많은 기업들이 기꺼이 광고료를 지불한다는 사례를 접했기 때문일 것이다. 이에 본원적인 문제해결의 수단으로서 '앱' 제작에 매달린다.

하지만 '앱'이 어떠한 문제점을 해결해줄 수 있는 경우는 매우 희박하다. 정부 또는 지자체에서는 창업 보조금 지급으로 인해 눈에 보이는 실질적인 것을 담보로 강조하기 때문에 창업자들이 '앱'을 제작할 수밖에 없다는 얘기도 허다하다. '앱'과 같은 도구는 문제 해결을 위한 하나의 수단으로서 활용될 수 있지만 본원적인 문제해결 또는 사업화의 핵심이 될 수 없다. 글로벌 시장을 놓고 보더라도 '앱'은 하루에도 수만 개씩 만들어지고, 기존 수만 개씩 만들어진 앱은 인터넷과 모바일 상에서 소문없이 사라진다. 창업자가 야심차게 준비한 '앱'도 소리 소문없이 사라질 수 있다. 창업 아이템은 불편함을 해소하거나 해결하는 근본적인 것이 되어야 하며 불편함의 해결이 사업화를 위한 가정과 전제조건으로 이어질 경우, 결코 달성하기 어려운 조건과 전제사항이 되어서는 안 된다. 중국에서 개인교습 사업의 경우에도 앱을 활용하지 않고 주재원이 많이 거주하는 아파트 단지를 중심으로 우리가 흔히 볼 수 있는 광고지만을 홍보하여 대상자를 모집하였다. 중국의 경우 사회주의 경제체재를 유지하고 있어 '앱'에 관한 정보 통제는 물론 한국인들을 대상으로 하는 서비스이므로 '앱'을 만들 필요까지 없었다. 따라서 아이디어를 구상하고 사업화하기 위한 전제는 사업에 관한 전체적인 구조와 시장, 환경 그리고 고객의 본원적인 문제점 해결에 집중하면서 사업화 및 운영

과정이 단순하면서 차별적인 가치로 구성될 수 있는지를 확인할 필요가 있다.

(3) 새로운 고객과 시장의 창출 가능성

창업 아이템의 실현과 구체화는 '매출을 통한 이익 실현'으로 나타날 것이다. 창업 아이템이 시장과 고객의 구매 또는 서비스 이용을 위한 혜택으로 제공되지 않는다면 아이템의 가치는 유명무실해진다. 결국 일반고객이던 정부 또는 기업, 기관이던 간에 창업 아이템은 그들이 지닌 문제를 해결하거나 또는 더 나은 가치를 만들어내기 위해 활용되어야 매출이 발생한다. 당연히 매출이 발생하는 아이템은 창업자가 의도한 이익이 포함되어 창업의 성장과 발전으로 이어진다. 하지만 창업자가 계획하거나 의도한 대로 순차적으로 일어나는 경우는 시간, 자본, 인력 등 필요 자원이 계속 생겨날 수 있다. 일반 기업이 아닌 창업자에게 지속적인 자원의 소요는 부담이 될 수밖에 없고 원활한 운영을 위한 새로운 시장과 고객 창출은 어려울 수밖에 없다. 여기서 주의해야 하는 것은 창업자가 기존에 없던 새로운 시장을 만들거나 창출하기보다는 기존 시장에서 자신만의 사용 또는 이용을 위한 시장으로 분리해간다는 개념을 갖는 것이 바람직하다. 즉 작지만 내실 있는 접근법이 요구된다고 할 것이다. 전혀 접근해보지 않은 해외 시장에 도전하고 투자하는 것이 더욱 큰 가능성을 내포할 수 있다고 느낄 수 있지만 새로운 고객과 시장을 창출하는 것은 오히려 일정 규모 이상의 중견 또는 대기업에게 더욱 적합할 수 있다. 창업 아이디어와 아이디어의 사업화에 적합하지 않은 목표 설정이요 전제인 것이다. 그러므로 창업자의 사업 아이템에 관한 아이디어는 충분히 지역적 또는 창업자가 예상한 시장에서 성장가능성을 먼저 보이도록 접근하는 것이 현명하다.

(4) 특별한 기술, 그리고 지식과 경험의 요구

창업자의 아이디어가 창업자 자신이 충분히 보유하고 있지 않은 기술이나 지식, 경험으로부터 나온다면 해당 아이디어는 구체성과 실현가능성이 떨어진다. 창업은 일반적인 대기업의 새로운 사업에 관한 탐색 또는 발굴이 아니기 때문에 구체적인 매출과 수익이 나올 수 있는 아이템이 중요하다. 간단하게 돈을 만들어내는 아이템이 중요한데 창업자의 아이디어가 특별한 기술과 지식, 경험이 요구된다면 사업화 자체의 동력이 떨어지고 비용중심적인 아이디어가 될 수도 있다. 또한 구현하는 과정에서 창업의지가 꺾여 창업의 시작을 후회하게 만든다. 만약 특별한 기술과 지식, 경험이 풍부하다면 충분히 보유 역량으로 사업화 아이디어를 진행시킬 수 있지만 그렇지 않은 경우는 성공 가능성이 매우 희박하다. 그러므로 창업 아이템을 고도화 시키는 단계에서 필요한 기술과 지식, 경험이 요구 된다면 창업 초기의 시장성을 확인한 뒤, 해당 기술과 지식, 경험을 외부로부터 수혈하면 된다. 초기단계의 아이디어 탐색과 발굴에서는 시장과 고객의 눈높이에 맞는 아이템이 될 수 있는 것인지 판단할 필요가 있다.

(5) 시장과 고객에 관한 차별적인 가치

마지막으로 창업자의 아이디어는 시장과 고객에 대하여 차별적인 가치를 제공해 줄 수 있어야 한다. 또한 가치의 크기가 크면 클수록, 강하게 지각되면 지각될수록 성공 가능성은 비례하여 커진다고 할 것이다. 사실상 아이디어 핵심이 바로 차별적인 가치의 산출물이자 시장과 고객이 충분히 지불할 만한 가치로 산정될 것이다. 차별적인 가치는 고객이 얻는 혜택(금전, 편리, 문제점해결 등)이며, 대체할 만한 제품 또는 서비스보다 우세한 이익을 확보해주기 때문에 고객의 구매의사결정과정에서 선택될 것이다.

그러므로 창업자는 자신이 고안한 아이디어가 다른 대체재보다 시장에서 경쟁우위를 확보하고 있는지, 공급자와 구매자의 교섭력은 충분한지, 충분하게 고객이 혜택으로 받아들일 수 있는지, 쉽게 다른 경쟁사에서 모방 또는 유사한 가치를 만들어 낼 수 없는 차별적인 기술 또는 서비스를 제공할 수 있는지를 면밀히 검토해야 한다. 하바드 경영대학원의 마이클 포터가 저술한 '경쟁전략'에서 나오는 경쟁우위를 만들어내는 구성원리가 적용될 수 있다. 시장과 고객에 관한 차별적인 가치는 제품 또는 서비스의 컨셉 구성요소와도 동일하다. 제품 또는 서비스가 가지는 차별적인 혜택, 제품 또는 서비스가 지니는 품질 등 속성의 가치, 그리고 시장과 고객이 반드시 선택하여 구매해야 하는 이유를 제시하지 않는다면 차별적인 가치는 만들어지지 않는다.

제2절 창업아이디어 탐색

미국 워싱턴 대학의 경영학과 교수인 칼 베스퍼(Kahl H. Vesper)는 미국자영업전국협회(National Federation of Independent Business)의 회원을 대상으로 "지금하고 있는 사업의 아이디어를 어디에서 얻었는가?"라는 설문의 조사 결과 "이전 일의 경험"이라는 비율이 45%이었으며, 16%가 취미 또는 관심사였으며, 다음으로는 "우연한 기회"로부터가 11%, 어떤 사람의 제안에 의한 아이디어의 획득이 7%라는 답변을 얻었다. 그는 좋은 창업 아이디어를 가지게 된 사람은 아이디어를 오히려 무심코 발견하는 것이며 아이디어를 의도적으로 열심히 찾는 사람의 대부분은 실패로 끝난다고 하였다. 그는 수많은 사례를 찾아 예시해 보이면서 대부분의 사업아이디어들이 부의불식 간에 또는 뜻하지 않게 나타나는 것이며 체계적인 방법을 이용해서 탐색하거나 비상한 수단으로 발견하게 되는 것이 아님을 설명하고 있다. 그의 분류에 따르면 아이디어를 접하게 되는 경우를 7가지로 나누어 설명하는데, 다음 표 〈7-1〉과 같다.

〈표 7-1〉 아이디어의 탐색 기회

구 분	주요 내용
① 예상치 않았던 초대	어떤 사업 아이디어는 초대 제안이나 부탁의 형식으로 발생하는 경우
② 과거 직장/업무	대부분 창업 아이디어는 예비창업자가 몸담고 있었던 이전 직장의 업무와 관련해서 얻어지는 경우
③ 권리의 획득	아이디어 개발권자로부터 권리를 사는 경우와 아이디어 창안자와 협력관계를 맺는 경우
④ 자기고용 활동	무슨 종류이던 사업을 하나 우선 시작하게 됨으로써 연이어 또 다른 사업의 기회를 만나게 되는 경우
⑤ 취미 활동	취미로 시작하게 된 것이 사업으로 이어지는 경우
⑥ 네트워크 활동	동호회, 협회 등 사회활동을 통해 만난 사람들로부터 아이디어를 얻는 경우
⑦ 계획적 탐색	주변상황을 단순히 관찰함으로부터 창업 아이디어를 얻게 되는 경우

칼 베스퍼가 말한 창업 아이디어의 탐색 원천을 좀 더 자세하게 살펴보면 다음과 같다.

(1) 예상치 않았던 초대

누군가 부탁 또는 자문을 받거나 정부기관 또는 민간에서의 추진하는 창업아이디어 경진대회 또는 발표대회에 참석하게 되어 해당 발표자들이 설명하는 창업아이디어로 부터 또 다른 아이디어를 얻게 되는 기회이다. 실제로 많은 사람들이 자신이 갑자기 떠오른 아이디어보다는 이러한 설명회와 네트워킹 파티에 초대되어 다른 사람들의 아이디어를 마음속을 심사하고 벤치마킹함으로써 더욱 개선된 아이디어를 만들고 창업하게 된다. 따라서 아이디어를 탐색하기 위해서는 관련 기관의 발표대회를 꼼꼼히 일정에 넣고 자주 방문해보는 것이 도움이 된다.

(2) 과거 직장/업무

현재 회사보다는 과거 회사에서 업무를 추진하다가 궁금하거나 개선의 필요성을 느껴 이에 대한 아이디어를 품고 있다가 현재의 직장에서 새롭게 창업에 도전하는 경우 또한 많다. 이는 업계와 시장의 동향을 누구보다 현장에서 경험하였기에 '현재 프로세스를 그대로 가는 것이 옳은가?' 하는 의구심을 갖고, 문제점을 개선하기 위해 직접 뛰어드는 경우이다. 이 경우에는 업계 관련자와 시장, 고객의 내용을 충분히 알고 있기에 좀 더 쉽게 아이디어를 구체화시킬 수 있다.

(3) 권리의 획득

창업아이디어를 얻기 위해 다른 사람 또는 단체, 기관이 개발한 기술 또는 제품 서비스의 특허 등을 활용해 자신의 아이디어를 덧붙여 제작·판매권을 취득하는 것을 의미한다. 이를 위해서 특허청에 등록되어 있거나 언론매체에 등장하는 새로운 기술을 탐색하여 관련 기관의 방문과 회의를 통해 직접적인 창업의 기회로 만드는 행위이다. 대기업일수록 이러한 사업아이디어와 기회에서 벗어나기 쉬우며 흔히 말하는 요소기술, 핵심기술을 상용화하는 데 생각보다 많은 시간과 자원이 소요된다.

(4) 자기고용활동

가족이나 친지들 혹은 창업자 본인이 종사하는 자기고용 활동에서 탐색된 경험과 지식을 기반으로 사업아이디어를 발전시키는 경우이다. 가령 혼자서 다양한 디자인 템플릿을 만들어 온라인 마켓을 판매해온 자영업자가 이를 조직화, 시스템화 하는 온라인 쇼핑몰을 열고 이에 열광하는 몇몇 구매자를 대상으로 입소문을 넓혀 성공한 사례는 많다. 또한 대학생인 신분에서 평소 늘 방문하는 고등학생 체험 단을 맞이해 안내해오다가 단순하게 진행되는 체험행사에 의문이 들어 본인이 직접 학교 행정관리의 입장에서 해당학과 학생들과 연합하여 학과별 체험행사 프로그램을 만들어 신규 창업아이템으로 발전시킨 사례도 있다. 이는 고등학교 학생이 대학 진학 시 적성과 진로에 대한 답답함과 의문점을 체험이라는 행사를 통해 수익을 만든 사례로서 반드시 자영업이 아니더라도 창업자 본인이 처해있는 환경의 개선이 사업화 아이디어로 발전된 경우이다.

(5) 취미생활 활동

창업자 자신이 즐겨하는 취미생활로부터 사업 아이디어를 구체화하는 경우로서 자신이 좋아하는 특정한 아이템을 다듬고 멋지게 만들어 즐겨 쓰다가 주변의 여러 동료들이 관심을 표명하여 똑같은 것을 만들어 달라는 주문을 하게 되면 그러한 사람들이 일반 고객이 될 수 있다는 판단 하에 창업 아이디어를 구체화하는 경우이다. 가령 플라워 관련 조경을 전공한 주부가 남편과 아이들을 아침에 출근시키고 집안의 분위기를 바꾸고자 꽃시장을 방문하여 꽃꽂이를 취미로 하다가 이를 본 주변인들이 꽃꽂이 또는 화분을 정기적으로 구독하길 원하는 횟수가 잦아지면서 본격적인 창업으로 전환하는 경우이다.

(6) 네트워크 활동

우리는 직장 및 학교 등 다양한 사회활동으로부터 사람들과 접촉하는데, 이때 형성된 인맥과 상호교류의 과정을 바탕으로 사업 아이디어를 발견하는 계기를 마련하게 된다. 또한 업계나 관련 협회, 학회 등 공식, 비공식적 네트워킹을 통해서 최근의 업계 현황과 사업 가망성 등을 타진해 보면서 사업기회를 키워나가는 경우이다. 가령 국내 교수와 연구원 등 전문성을 지닌 지식집단의 채용과 이직을 전문으로 하는 '하이브레인넷'이라는 웹사이트가 있다. 부산대학교에서 개발한 이 웹사이트는 일반적인 직업 고용이 아닌 전문직이라는 특수성을 감안하여 전국 모든 대학과 관공서 등이 연륜 있는 전문가를 모집하는 채용 웹사이트로 성공한 사례이다.

(7) 계획적 탐색

많은 경우에 있어 창업자 자신이 창업에 대한 의지와 결심을 굳히고 사업 아이디어를 본격적으로 탐색하는 경우로써 대부분의 앞서 설명한 기회요소와 활동으로부터 더욱 구체화 시킨다. 다양한 서적과 참고 자료를 수집하고 언론 매체 등을 통해 시장과 고객의 불편함을 직간접으로 확인한 뒤, 사업아이디어를 생각하고 전문가 집단을 통해 확인하는 경우이다. 하지만 이러한 경우는 의도적인 부분이 많아 쉽게 사업 아이디어로 변화하기가 쉽지 않은 단점이 있다.

어느 경우에 있어서도 창업자는 우선 아이디어 탐색과 기회 포착을 위해 서두르거나 설익은 아이디어를 확신해서는 안된다. 아이디어의 기회를 구체화시키기 위한 과정과 시간, 그리고 일정의 자원 투입을 고려하여 체계적이고 단계적인 접근을 시도해야 할 필요가 있다.

제3절 창업아이디어 선정

창업자라면 자신의 사업 아이디어의 성공가능성을 높이고자 한다. 바꿔 말하면 실패가능성이 있는 부분을 찾아 위험을 제거한다면 성공 가능성이 높아지는 것과 다름이 없다고 해석될 수 있다. 우선 실패가능성을 낮추기 위해서는 다음과 같은 방법으로 접근해볼 필요가 있다.

(1) 창업자 적성과 특성을 고려한 업종

창업자의 경험과 지식 등 역량에 맞는 업종을 고르는 것이 중요하다. 전혀 해보지 않은 일에 도전하는 것은 위험성이 증가하기 마련이다. 반드시 해야 하는 상황이 아니라면 가능한 창업자의 경험과 지식 등 역량에 기초한 업종을 선택해야 한다. 반드시 해야 하는 상황이란, 가족들의 오랫동안 해온 가업을 이어야 한다던지 실패를 할지라도 창업자의 독특한 이력으로 충분한 자본을 투자하겠다는 제안 등을 제외하고 창업자 자신의 역량과 자질에 맞는 창업 업종의 선택이 중요하다. 그러므로 익히 잘 알고 평소에 관심을 계속 두고 있었던 분야로부터 시작하는 것이 현명하다. 흔히 오랫동안 직장생활을 하다가 프랜차이즈로 치킨 가맹점을 하겠다는 얘기들을 많이 한다. 평균 25% 이상의 수익률을 담보하고 본사로부터 많은 지원이 기대되므로 비교적 쉽게 창업의 세계로 뛰어들 수 있다. 어차피 브랜드 중심의 프랜차이즈이므로 근면성실하게 고객을 응대하면 기본적인 매출과 수익은 기대할 수도 있다. 하지만 지속적으로 계속할 수 있는 창업 아이템인지, 주변에 더욱 강력한 브랜드가 입점하지 않을 것이란 확신은 없다. 그렇다고 창업자 자신의 경험과 특성을 배제하고 전혀 다른 업종에 뛰어드는 것은 향후 전개되는 다양한 문제에 대한 민첩성, 구체성, 대응 및 적응력이 떨어질 수 있다. 따라서 창업자가 오랫동안 지속적으로 할 수 있으며 어느 정도의 매출과 수익이 담보된 업종을 중심으로 창업에 관한 초기 적응이 가능한 업종을 선택하는 것이 바람직하다.

(2) 경력 및 전문지식, 인맥 활용 분야와 관련된 업종

창업자의 사업 아이디어가 자신의 경력을 유지하면서 얻은 전문지식과 인맥 네트워킹 등을 통해 활용될 수 있다면 사업화에 들어가는 비용과 시간을 줄이고 초기부터 안정적인 사업화를 모색할 수 있다. 무엇이던지 아이디어가 좋다고 모두 사업화가 될 수 있는 것은 아니지만 사업화로의 전환은 추후 단계이며, 창업자 자신이 잘 알고 있는 분야를 모두 꺼내어 놓고 문제점을 하나씩 둘씩 적어보고 생각해보는 연습과 노력이 필요하다. 관련하여 창업초기의 정보탐색을 늘려갈 필요가 있다. 또한 창업 아이디어를 창업자 본인이 모두 다 해결한다고 생각하는 자만심도 버려야 한다. 따라서 주변 창업자들이 모여 자신의 아이디어를 시장에서 검증받고자 하는 데모데이 또는 피칭데이 현장을 자주 가야 한다. 이것이 창업 네트워킹이 필요한 이유다. 물론 창업자 본인의 사업 아이디어에 관한 생각을 정리할 필요는 있으나 자신이 아이디어에 확신과 신뢰를 줄 수 있는 주체는 고객이지 주변 사람들이 아니다. 따라서 창업 아이디어를 탐색하는 과정에서 본인의 아이디어 및 해당 분야의 네트워킹 또는 전문가의 도움을 구하는 것도 현명한 방법이 될 수 있다.

(3) 시대 변화 및 트렌드가 반영된 창업 아이디어

창업자의 아이디어는 적용 자금 및 기술 등을 고려하여 당초 예상한 기준과 너무 큰 차이가 없도록 자신이 충분히 감당할 수 있는 업종에서 도출하는 것이 좋다. 또한 아이디어 자체가 전혀 타당하지 않은 너무 먼 미래의 주제가 되어서는 곤란하다. 너무 높은 기대와 이상을 가지고 시작하면 자칫 창업 의지에 부정적인 영향을 끼칠 수 있다. 기대감이 높으면 실망감도 크기 때문에 좀 작지만 문제점을 해결할 수 있는 소소한 아이디어로 시작하는 것이 좋다.

예를 들어 해외 한류의 영향으로 너도 나도 국산화장품을 해외에 수출하는 아이템을 떠올리는 경우가 있다. 또한 화장품이 일종의 컨셉 제품이라고 조언하며 제품 컨셉에 관한 아이디어만 좋으면 잘 판매될 것이라는 착각과 오해를 불러일으킨다. 하지만 실상 그렇지 않은 경우가 90%이상이고, 컨셉도 좋아야 하고 시장상황 및 고객의 요구사항, 혜택 등 모든 것이 기획한 방향으로 이루어질 경우에도 어려움에 봉착한다. 대부분의 경우 수많은 대체재 중의 한 가지 일뿐이다. 많은 제품이 쏟아져 나오다 보니 한쪽에서는 브랜드를 얘기하고, 다른 한쪽에서는 패키지 디자인을 얘기한다. 창업자는 브랜드 때문에는 안 되는지, 패키지 디자인이 판매 부진의 원인인지 혼돈이 발생한다. 그러다가 당초 의지를 불태웠던 초심(初心)을 잃어버린다.

화장품이란 제품은 해외로 수출할 경우, 복잡한 허가사항을 거치고 품목별로 다양한 테스트를 받아야 한다. 테스트만 통과되었다고 자연스레 인증을 받아 판매되는 것이 아니다. 고객의 체질과 피부특성에 따라 다양한 피부 문제를 야기할 수도 있으며, 피부 문제를 야기한 고객이 온라인 블로그나 카페에 올려 판매가 원천적으로 봉쇄될 수도 있다. 이처럼 창업자는 시대변화와 트렌드에 민감하게 반응하여 자신의 아이디어가 너무 시대에 뒤처지거나 너무 앞서가지 않도록 주의를 하되 자신이 가진 자금, 기술, 그리고 다양한 경영지원이 존재하는지, 존재하지 않는다면 충분히 만들어가거나 구성할 수 있는지 등을 따져가면서 아이디어의 사업화를 구체화해야 한다.

제 7 장. 창업 아이디어 선정

소속 ....

성명 ....

❶ 창업자가 창업 준비 단계에서 가장 중요한 것은 창업아이디어를 탐색하는 일이다. 어떠한 사업 아이템으로 창업을 준비할 것인가는 창업자들에게 전체 준비과정 중에서 가장 고민스러운 작업이 될 수 있다. 이때 창업 아이디어가 될 수 있는 전제 조건을 서술하시오.

....

....

....

....

....

....

....

....

....

....

....

....

❷ 창업아이디어로서 가장 쉽게 접근할 수 있는 방법은 '생활 속의 불편함'을 해결하고자 하는 노력일 것이다. 각자 생활 속에서 불편하게 느꼈던 부분을 하나씩 골라 이를 해결할 수 있는 방법을 간략히 서술하시오.

❸ 창업아이디어를 탐색하는 방법 중, 칼 베스퍼가 지적한 7가지 탐색 방법과 함께 각각의 주요 내용을 논하시오.

④ 창업은 창업자의 경험과 특성, 지식 등을 바탕으로 생성된 아이디어일수록 더욱 쉽게 창업에 접근할 수 있다고 한다. 각자의 경험, 특성, 지식을 근간으로 창업 아이템을 간단하게 2~3문장으로 개념을 정의하고 발표해보자.

제8장
창업 사업모델

제8장
창업 사업모델

제1절 사업모델 개요

창업 아이템에 관한 아이디어와 사업화 가능성을 구체화하려면 매출과 수익창출이 어떻게, 어디서 발생하는지를 정확하게 알아야 한다. 이는 창업의 목적과 일치하는 동시에 투자자가 가장 관심을 갖는 요소이다. 간략하게 설명하면 어떻게 창업 아이템이 시장에서 돈을 만들고 지속적으로 유지, 운영할 수 있도록 하게 만들 것인가를 구조화 하는 것이 바로 사업모델이다. 사업모델을 수립하는 목적과 방법은 통상적인 경영학에서 다루고 있는 방법에서 크게 벗어나지 않지만 창업을 위한 사업모델은 차별화된 접근방법과 특징이 존재할 수 있다.

최근에는 기존 전통적인 방식에서 벗어난 창업자만을 위한 사업모델이 필요하며 다양한 방법론의 일종으로 '애자일(Agile)'이 활용되기도 한다. '애자일(Agile)'은 '민첩성'이란 의미로 2001년 켄트 백이라는 사람이 미국 유타 주에 스노우버드 리조트에서 연합을 결성하여 '상호작용', '소프트웨어 중시', '고객과의 협력', '변화대응'을 통해 쉽게 대응하고 유연하게 대처하자는 조직 활성화 방법론의 일종이다. 이러한 '애자일'은 기존 수직적 조직체계에서 오는 다양한 문제점을 해결하는 방법론 뿐 아니라 창업 조직에 있어 새로운 방법론으로서의 적용 가능성을 제기함으로써 팀 단위로 활동하는 창업가들에게 회자되고 있다. 반드시 정해져 있는 정답은 아니지만 우선 사업모델을 수립함에 있어 주의 깊게 고려해야 하는 사항들은 정리하면 다음과 같다.

첫째, 창업자가 기획한 사업모델이 최소한의 규모로 시작할 수 있는지 확인해보자. 창업생태계에서는 사업모델의 크기와 시작단계의 관한 조언을 하지 않는 편이지만 과거 창업을 통해 대기업으로 성장시킨 사람들의 한결같은 조언은 가능한 작게 시작할 수 있는 모델을 만들라는 것이다. 즉 시작은 작고 탄탄하게 만들고 빠르게 시장을 검증하여 타당성이 존재하는지를 확인하라는 의미이다. 사업모델을 크게 구분하여 창업자가 새로운 제품을 만들어 판매하는 것인지, 제품이나 서비스를 융합해서 판매하는 것인지, 서비스로서 제품을 중계하는 것인지 등 창업자의 사업 아이템이 어떠한 논리와 맥락으로 고객에게 가치로 교환, 거래, 전달될 것인가를 먼저 고민하고 이에 대해 작은 규모로 최소한의 비용을 투입하였을 때 시장에서 고객의 반응이 어떻게 나타나는지를 확인하는 것이 매우 중요하다. 창업자가 사업모델을 수립함에 있어 제품인지, 서비스인지를 명확하게 구분해보고자 하는 노력을 계속하면 사업모델을 성립함에 있어 작은 차이점도 쉽게 발견할 수 있고, 더 나아가 독창적이고 세분화된 타깃 고객 집단을 위한 모델을 만들 수 있다.

둘째, 사업모델이 시장에 제공될 때 참여하게 될 시장의 잠재적인 플레이어들(고객, 중간상, 공급자 등)과 직접 만나 제공하고자 하는 혜택을 분명하게 느끼는지를 사전에 확인해 볼 필요가 있다. 머릿속에서만, 책상 앞에서만 그림을 그리면 실질적인 정보 파악에 한계가 있으며 직접 현장으로 나가 이미 수행하거나 하려고 준비하는 다수의 사람들을 통해 불편함을 느끼고 있는 고객들로부터의 정보를 취득해야 한다. 따라서 다양한 정보탐색을 통한 사전확인 없이 개념적 가정에서 출발한 제품과 서비스 개발은 대부분이 실패로 돌아가기 쉽다. 실제 잠재적인 시장 플레이어들이 어떻게 생각하고 느끼고 있는지, 시장에서 분출되는 요구사항을 가능한 정확하게 파악해야 한다. 즉 사업모델을 구체화시키기 위해서는 상당한 시간과 노력이 투입되는 현장의견이 반영되어야 한다. 이 과정은 창업자의 사업모델을 기획하는 것과 거의 동시에 수정되고 보완되며 개선되어야 한다.

셋째, 새로운 기능, 새로운 기술보다 더 중요한 것은 시장과 고객의 습관과 태도이기 때문에 얼마나 손쉽게 잠재구매자들이 구매 습관을 바꿀 수 있는 모델인지를 파악해보는 것이 중요하다. 학습되고 경험된 습관을 강제로 바꿀 수 있다고 생각하는 것, 새로운 방식에 사람들이 열광하며 따라 올 것이라고 생각하는 것은 금물이다. 대다수의 사람들은 이미 익숙한 방법대로 구매하고 이용하며 큰 불편함 없이 활용하는 것을 선호한다. 따라서 기존 제품에 새로운 기능과 속성 또는 기술을 접목시킬 경우에는 그만큼의 강력한 가치와 혜택이 압도적으로 나타나야 사업모델로서의 가치가 생성된다. 또한 그러한 가치는 경쟁사가 쉽게 따라올 수 없는 것이어야 하며 대체재 또는 유사재가 등장하더라도 항상 시장과 고객을 끌어갈 수 있는 새로움으로 리드해야 한다.

넷째, 사업모델을 수립할 때 가장 기본적인 접근방법은 아이디어에 대한 접근법과 마찬가지로 과연 고객이 느끼는 불편함을 해소하거나 해결하는 것인가에 대한 근본적인 해법을 제시하고 있는가이다. 많은 창업자들이 실수하게 되는 것은 고객이 느끼는 불편함을 해소하거나 해결하는 것을 기존 방식의 변화로부터 찾는다. 가령 기존보다 더 나은, 개선된 방법 또는 결과물을 고객이 원한다고 하자. 그러면 창업자는 기존 방식의 문제를 우회적으로 해결할 수 있는 방법을 고객에게 제시하거나 전혀 새로운 방식으로 고객을 유도하고자 한다. 이러한 접근방식은 근본적인 변화를 끌어내기 어렵다. 조사의 오류도 여기부터 발생한다. 앞에서는 고객이 불편함을 느낀다고 말하지만 전혀 다른 방식 또는 기존 방식의 우회적 개선에 대해서는 고객이 언급을 해도 정작 당신이 원하는 것이었소 라고 시장에 출시하면, 그렇지 않았다라고 반응한다. 이에 단지 불편함의 개선 또는 해소 차원에 머물렀는지 창업자는 고민에 빠지기 쉽다. 이러한 현상은 사업모델기획과 직접적인 운영의 역량 차이에서도 발생한다. 창업자는 때로 많은 투자를 받아내기 위해서 초기 운영 단계에서 과도하게 비용을 집행하여 시장의 이슈를 만들고자 한다. 하지만 진정한 승부는 얼마나 오랫동안 사업모델의 노하우가 쌓이는 것인가가 직접적인 매출과 수익으로 나타난다.

예를 들어 배달 서비스인 배달의 민족은 시장 1위, 선도 사업자이지만 배달지연 등 고객의 불편함도 늘어나고 있다. 거기에 다른 경쟁사가 배달가격 인하 및 노동관련 규제 등으로 인한 가격상승요인이 발생하여 배달서비스 품질 등이 발생함으로써 사업모델의 가치로서 느끼지 못하게 할 경우가 발생할 수 있다. 따라서 기존 제품 또는 서비스의 불편함 개선이 창업자의 사업모델이라고 판단한다면 개선정도가 아닌 혁신적인 해소와 해결을 제시해야 한다. 동시에 사업모델이 특허나 지적재산권의 보호를 받을 수 있는 기술과 기능이 될 경우 독보적인 가치를 가지게 되며 그렇지 않을 경우 수많은 경쟁사를 시장으로 끌어들임으로써 창업초기 이상의 운영적인 성과를 기대하기 어려울 수 있다. 다수의 경쟁사가 시장에 진입하면 동종업계의 시장규모는 커질 수 있을지 몰라도 차별적 혜택을 원하는 고객들의 욕구를 지속적으로 증가하여 궁극적으로는 사업모델의 한계에 도달할 수 있다.

다섯째, 창업자가 사업모델을 기획할 경우, 몇 가지의 기획과 운영단계로 나누고 처음에 사업모델을 검증할 수 있는 단계를 반드시 만들어 시장 검증을 해야 한다. 가령 카페를 개업한다고 가정해 보자. 카페의 성공요소가 장소, 다양한 제품과 맛, 서비스, 종업원의 친절이라고 한다면 이 중에 제품의 종류와 맛, 서비스는 카페를 개업하기 이전에 충분한 확인이 가능할 수 있다. 창업자 자신이 다른 카페에서 직접 체험하고 경험하면서 직접 고객들의 반응을 점검할 수 있으며 차별화된 욕구를 파악할 수 있다. 최근 창업 트렌드는 자신이 하고 싶은 창업 모델을 좀 더 명확하게 만들기 위해 적어도 1~2년 정도 해당 업종에서 경험을 쌓는 경우가 많다. 만약 호텔 서비스를 획기적으로 개선하고픈 경우에는 호텔 직원으로 취업하여 1~2년 정도 직접 고객을 상대해보고 호텔 구성원들이 느끼는 불편함을 몸소 체험한 뒤 창업으로 전향하기도 한다. 이와 같이 시장과 고객을 이해하려는 기본적인 노력은 하지 않고 무조건 창업 사업모델을 만든다면 한다면 아마 성공할 확률이 매우 낮을 것이다.

여섯째, 창업자는 가능한 작은 규모로, 가족 사업처럼 시작하는 것이 좋다. 따라서 사업모델 역시 크기가 중요한 것이 아니라 모델 자체의 장점과 강점을 더해가는 것이 더욱 완벽한 사업모델이 된다. 가령 모바일 앱을 만들어 앱을 활용하면 더욱 편리함을 추구할 수 있다는 것은 사업모델이 될 수 없다. 앱을 제작하는 것만으로도 수천만 원의 비용이 소요되고 정작 많은 가입자들이 생성된다고 하여도 실제 이용자가 매출과 수익을 생성하지 못한다면 손실의 폭이 점차 크게 늘어날 것이다. 따라서 시범적인 운영을 통해 사업모델을 적용해보고 그 평가를 시장과 고객으로부터 검증받아 더욱 완벽한 제품 또는 서비스로 출시하는 것이 좋다. 창업자는 새로운 사업모델이 개발이 되어야 시장 반응도 알 수 있는 것 아니냐고 반문할 수 있겠지만 고객의 불편함을 혁신적으로 해소, 해결하고자 하는 욕구를 확인하고 사전 타당성을 검증하는 모델을 설계한 뒤, 실제 구매와 재구매가 반복적으로 일어날 수 있도록 하는 것이 유용한 접근법이다. 창업초기에는 사업모델 수립 시 단계를 세분화하고 각 단계별 실패 가능성과 영향요인을 줄이는 것이 목표가 되어야 한다. 따라서 가능한 작은 규모로 순차적 사업모델 완성을 목표로 하는 것이 바람직하다.

제2절 사업모델 구성요인

창업자가 비교적 손쉽게 자신의 사업모델을 구성하고 빠진 것이 없는지 확인하는 방법 중의 한 가지는 '비즈니스 모델 캔버스'를 통한 점검이다. 비즈니스 모델 캔버스는 "비즈니스 모델이란, 하나의 조직이 어떻게 가치를 포착하고, 창조하고, 전파하는 지, 그 방법을 논리적으로 설명한 것"으로서 『Business Model Generation』이란 책에 포함되어 있는 시각적 모델이다〈그림 8-1〉.

〈그림 8-1〉 비즈니스 모델 캔버스

8. Key Partners (주요 협력체)	6. Key Activities (주요 활동)	2. Value Propositions (가치 제안)	4. Customer Relationship (고객 관계)	1. Customer Segment (고객 분류)
	7. Key Resources (주요 자원)		3. Channels (채널)	
9. Cost Structure (비용 구조)			5. Revenue Streams (수익 흐름)	

출처: Business Model Generation, 알렉산더 오스티왈더, 에스 피그누어, 유효상 역, 타임비즈, 2011

앞의 그림에서 먼저 각 칸의 항목들의 의미를 살펴보면, 다음과 같다.

- 고객 분류 : 우리의 고객은 누구인가? 그들의 문제는 무엇인가?
- 가치 제안 : 그들에게 무엇을 제안할 것인가? 그들이 우리 상품을 구매하는 이유는 무엇인가?
- 채널 : 이런 제안들은 어디를 통해 전달되는가?
- 고객 관계 : 고객과 어떻게 소통할 것인가?
- 수익 흐름 : 어떻게, 누구에게서 수익을 얻을 것인가?
- 주요 활동 : 가치제안을 위해 우리가 직접적으로 제공하는 것은 무엇인가?
- 주요 자원 : 어떤 것을 주요 자원으로 경쟁해야 하는가?

- 주요 협력 : 어떤 것을 직접 하지 않고 협력사를 맺을 것인가?
- 비용 구조 : 모델 내에서 주로 사용되는 비용은 무엇이 있는가?

　캔버스의 왼쪽 부분은 창업자의 관점에서 '효율성'과 관련된 항목이 해당되며 오른쪽 부분은 고객 관점의 '가치'와 관련된 항목이 해당된다고 할수 있다. 이 캔버스를 어느 쪽부터 채워 나갈지는 사업의 종류에 따라 달라지지만 대개 오른쪽부터 번호순서대로 채워나간다. 그것은 창업자가 집중해야 할 것이 '고객 분류'와 '가치 제안'이기 때문일 것이다. 각각에 대한 구성요인을 좀 더 자세하게 살펴보면 다음과 같다.

(1) Customer Segments(고객 세그먼트)

　마케팅전략에서 가장 중요한 STP 선략(Segmentation, Targeting, Positioning)에 해당된다. 고객 세그먼트에 관한 전제사항은 창업자가 선정한 고객 세그먼트가 다른 세그먼트 또는 표적 집단에게 가치를 파급하고 영향을 줄 수 있어야 한다는 점이다. "누가 우리의 가장 중요한 고객인가?"를 대답할 수 있어야 하고, 해당되는 중요한 고객이 지불능력이 있는 고객인가를 검증해야 한다. 창업자가 집중하여 공략했을 때 다른 세그먼트에서도 창업자의 제공가치에 반응하여 함께 시너지를 낼 수 있어야 한다.

(2) Value Proposition(가치제안)

　특정한 고객 세그먼트가 필요로 하는 가치를 창조하기 위한 상품이나 서비스의 조합으로서 창업자가 제공하는 제품 또는 서비스에 대하여 특정하고 차별화된 가치를 표현할 수 있어야 한다. "고객에게 어떤 가치를 전달할 것인가?" "우리가 제공하는 가치가 고객이 처한 문제점을 본원적으로 해결해 주는가?" 이로써 "고객은 자신이 처한 문제점을 해결하는 니즈에 만족을 넘어 감동까지 느낄 수 있는가?"를 근본적인 질문으로 던져야 한다. 이때의 가치제안은 고객의 혜택으로서 기존에 문제해결을 위해 지불하던 비용을 기꺼이 포기하고 전환할 수 있는가의 전환가치도 포함된다.

(3) Channels(채널)

선정된 고객 세그먼트 집단에게 창업자의 가치와 혜택을 제안하고 전달하기 위한 방법과 수단이다. "고객은 쉽고 편리하게 제안한 가치를 제공받을 수 있는가?" "고객은 충분한 서비스를 경험하고 체험할 수 있는가?" "고객은 제안 받은 가치와 혜택을 다른 세그먼트 고객에게 충분히 전파하고 설득할 수 있는가?" 창업자가 고객 세그먼트에게 제안 가치를 충분히 커뮤니케이션 하고 물리적, 환경적으로 편리하게 물류와 배송은 물론 확산할 수 있는 판매채널을 구축할 수 있는가의 여부를 판단해야 한다.

(4) Customer Relations(고객관계)

창업자가 중점 공략하려는 특정한 고객 세그먼트와 어떤 형태의 관계를 맺을 것인가를 의미하며 "고객 세그먼트는 어떤 방식의 고객관계가 만들어지고 유지되기를 원하는가?" "어떠한 단계별 고객관계를 확립할 수 있는가?" "고객관계 구축으로 인한 비용은 얼마나 소요되며 유효한 기간은 어떠한가?" 등을 질문해야 한다. 창업자는 잠재, 신규 고객을 사업 초기에 확보하려고 하지만 사업의 성공은 기존과 충성고객을 얼마나 확보하느냐가 성패를 가름한다. 파레토의 법칙에서와 같이 20%의 충성고객이 기업의 80% 매출과 수익에 기여함을 잊지 말아야 한다.

(5) Revenue Stream(수익원)

창업자가 고객 세그먼트로부터 창출할 수 있는 매출과 이익을 의미하며 "고객들은 제공 가치를 위해 기꺼이 돈을 지불하는가?" " 현재 무엇을 위해 돈을 지불하고 있으며 어떻게 지불하고 있는가?" "고객들은 어떻게 지불하고 싶어 하는가?" "고객 세그먼트는 제공 가치에 따른 수익에 얼마나 기여하는가?"를 질문하고 이에 대한 충분한 해답을 얻을 수 있어야 한다. 창업은 자원봉사가 아니다. 비영리를 목적으로 하는 것도 아니다. 창업은 고객이 충분한 가치의 대가를 지불하고도 제공자와 수혜자가 모두 만족하는 구조를 만드는 일이다.

(6) Key Resoruces(핵심자원)

창업자가 사업을 원활히 운영하는 데 가장 필요한 중요자산을 의미하며 "지속적인 가치 창출을 위해 어떠한 핵심자원을 필요로 하는가?" "공급채널을 위해선 어떤 자원이 필요하며, 고객 관계를 위해서는 어떤 자원이 필요한가?" "보다 더 많은 수익창출을 위해서는 어떤 자원이 필요하며 어느 곳에 투입해야 하는가?"를 고민해야 한다. 일반 기업운영도 그렇지만 창업에서는 안정적인 수익원을 지속적으로 창출하는 것이 매우 중요하므로 필요한 핵심자원의 수급이 무엇보다도 필요하다.

(7) Key Activities(핵심활동)

창업자가 사업을 제대로 영위해 나가기 위해서 꼭 해야 하는 중요한 일들이 무엇인지를 정의하며 "우리는 고객과 얼마나 자주 반복적으로 만날 기회를 갖는가?" " 우리는 어떠한 핵심활동을 통해 시장 파트너 또는 플레이어와 교류하는가?" "고객관계를 지속적으로 개선하고 증진하기 위한 활동은 무엇인가?" "정부와 관계기관과 협력 방향은 무엇인가?" 등에 관한 질문을 지속적으로 던져야 한다. 안정적이고 지속적인 창업 기업의 활동에 중요한 맥락이 될 것이다.

(8) Key Partnerships(핵심 파트너십)

창업자가 원활하게 자신의 창업활동과 사업모델을 운영하기 위한 '공급자-파트너' 간의 네트워크를 의미하며 "누가 핵심 파트너이며, 핵심 공급자는 누구인가?" "핵심 파트너로부터 어떤 핵심자원을 획득할 수 있고 파트너는 어떠한 핵심활동을 시장과 고객 사이에서 수행하는가?" "사업모델을 원활히 운영하기 위한 핵심파트너의 영향력은 어느 정도인가?" 등 사업을 추진함에 있어 위험성과 불확실성을 줄이려는 사전 노력의 일환이다. 또한 지속가능한 경영을 위한 자원의 확충, 대체재의 활용 등을 고려한 사전 대응이라고 할 수 있다.

(9) Cost Structures(비용구조)

창업자가 사업모델을 운영하는 데 발생하는 모든 비용을 의미하며 "사업 운영에 있어 가장 중요한 비용은 무엇인가?" "핵심자원을 확보하는 데 가장 많은 비용이 드는 부분이 어디인가?" "비용을 지속적으로 절감할 수 있는 구조를 가진 사업모델인가?" 등을 스스로 물어보아야 한다. 결국 비용대비 효과가 극대화되었을 때 수익도 발생하는 것이므로 가능한 한 최소비용구조를 만들고, 이를 유지할 수 있는 사업모델인지 지속적으로 검토해야 한다.

제3절 사업모델 타당성 검증

많은 창업자들과 창업 기업들이 창업과정에서 실수하거나 놓치는 부분이 바로 사업 아이디어에 대한 검증이다. 저마다 다른 환경과 사정이 있을 수 있지만 사업 아이디어와 모델의 검증은 필수적이라 하겠다. 방법론을 모를 수도 있고 일단 한번 경험한 후에 수정 보완하면 되겠다는 막연한 기대를 가질 수도 있다. 하지만 중요한 것은 실패의 위험성을 초기부터 줄여나가는 것이 가장 현명한 성공의 방법임을 잊지 말아야한다.

우선 창업자는 사업 아이디어를 시장과 고객에게 물어보고 사전에 여러 번 검증을 통해 확신을 갖는 것이 매우 중요하다. 고객에게 제공하고자 하는 핵심가치와 편익이 과연 고객의 본원적인 문제를 해결할 수 있는지, 해결 방법이 고객이 충분히 수용가능한 수준의 편리성과 가치를 가지고 있는지, 이러한 문제 해결 방법이 향후 본격적인 운영으로 확대, 성장할 수 있는지 등을 검증해보는 것이 필요하다. 이처럼 시장과 고객 검증을 위해 최소기능제품(Minimum Viable Product) 또는 시제품을 만들어 테스트하고, 직접적인 반응과 결과를 측정하여 측정된 결과로부터 더욱 매력적인 사업모델로 개선시켜야 한다. 이를 위하여 시장에서 가장 널리 통용되고 있는 방법론이 에릭 리스가 린 스타트업(Lean Startup)에서 제시한 Build-Measure-Learn Cycle이다.

접근 방법을 단계별로 핵심 내용을 살펴보면 다음과 같다. 우선 ⑴ 사업 아이디어를 탐색하고, ⑵ 아이디어의 제품 또는 서비스 개발 검증, ⑶ 판매 가능성 검증 등의 순서로 진행한다.

(1) 사업아이디어의 탐색

주요 단계	주요 내용
1) 세그먼트 표본 고객 정의	• 잠재적으로 선정한 고객집단
2) 잠재 고객의 탐색/발견	• 잠재고객의 동선/구매채널 방문
3) 잠재 고객의 자유로운 의사표현 유도	• 잠재고객과의 Mall Intercept 인터뷰
4) 잠재고객이 지닌 문제점 파악	• 잠재고객의 문제점 유형과 분류
5) 문제점의 비중 파악	• 문제점들 중에서 우선순위 결정
6) 고객 의사결정의 비중 파악	• 구매의사결정에서의 문제점 비중

(2) 제품/서비스 개발 단계

잠재고객으로부터 사업아이디어의 실마리를 얻었다면 잠재고객이 지닌 문제점을 해결할 방법을 찾아야 한다. 해결 방법은 제품이 될 수도 있고, 서비스가 될 수도 있다. 다양한 형태, 크기, 가격, 판매 채널 등 다양한 요소가 검증되어야 하기 때문에 테스트가 반복되어 지속적인 방향전환(Pivot)이 일어나야 한다. 간단한 접근방법은 아래와 같다.

주요 단계	주요 내용
1) 문제해결을 위한 시제품을 준비	• 보통 Mock Up 또는 최소한의 시제품으로 준비
2) Wow 테스트를 실시	• 시제품 또는 서비스에 대한 설명을 끝까지 듣는지, 제공가치에 대하여 잠재고객의 반응을 평가
3) Wow 테스트의 고객 반응 검증	• 잠재고객이 느끼는 제품 또는 서비스의 반응을 정성적으로 검증 • 비호의적인 반응일수록 이유 탐색
4) 다른 고객에게 추천의향 여부 확인	• 잠재고객 프로파일 정리 • 추천대상 고객 세그먼트 확인

(3) 시장판매 검증단계

시제품 또는 MVP 제품과 서비스를 지속적인 고객 세그먼트 집단으로부터 확인과 검증을 한 후, 미비한 점들을 개선하여 시장 초기 출시단계에 접어든 테스트를 준비해야 한다. 이때 중요한 것은 시제품을 본격적인 생산이 아닌 지역적으로 지극히 한정한 테스트를 시행해야 한다는 점이다. 우리가 성공 프랜차이즈라고 알고 있는 『설빙』이라는 브랜드 제품의 경우에도 부산지역의 남포동 작은 카페로 출발하였다. 입소문이 퍼지면서 많은 고객들이 줄을 서게 되었고, 본격적인 서울 강남으로의 진출은 오래 걸리지 않다. 지역적으로 남포동 중심가에 2층에 자리 잡고 있어 고객 반응을 점검할 수 있는 지역적 위치는 나쁘지 않았지만 비좁은 건물의 2층으로 편하게 접근할 수 있는 곳은 아니었다. 하지만 설빙에서 제공하는 제품의 품질과 특이성, 눈꽃빙수라는 새로운 개념의 빙수문화를 창조하는 데 충분하였다. 잘 녹지도 않는 빙수와 인절미라는 새로운 조합으로 많은 사랑을 받고 있는 창업 아이템이다.

주요 단계	주요 내용
1) 한정된 지역에서 세그먼트고객 판매	• 생산제품의 판매량 결정
2) 초기 고객 Data 수집	• 초기 고객의 반응 평가 지표 설정
3) 단계별 프로모션 등 마케팅방안 적용	• 4P 마케팅 방안에 대한 반응 평가
4) 경쟁사 제품과의 비교	• 고객 세그먼트의 반응 확인

설빙은 부산지역에서 한동안 지속적인 마케팅, 영업, 채널 등이 실제 테스트를 거쳤고, 첫 번째 전포가 개설된 이후에 2년 정도 되는 시점에 본격적인 프랜차이즈 사업을 개시하였다. 위의 판매 검증 단계별로 한정된 지역의 타깃 세그먼트 고객을 대상으로 실제 판매하여 그들의 초기 반응과 평가를 수집하는 작업을 수행하여야 한다. 일

일 판매량에 대하여 일희일비(一喜一悲)하지 말고 전체적인 판매수량까지 달성될 때까지의 시간, 비용, 방법론 등이 당초의 계획에서 어떠한 영향을 미치고 있는지를 검증해야 한다. 이러한 지역적 테스트를 가능한 3~5회 정도를 수행하고 그 결과를 모아서 재 구매, 반복구매가 일어나는지, 경쟁사 또는 유사 대체재에 비해 고객 집단의 평가가 어떠한지를 반영한 개선 제품과 서비스를 출시하는 준비를 수행하는 것이 좋다.

소속 ....

성명 ....

❶ 창업자가 창업의 사업모델을 수립함에 있어 주의 깊게 고려해야 하는 사항을 열거해보자.

....

....

....

....

....

....

....

....

....

....

....

....

....

❷ 최근 창업을 위해 구성하는 '조직'과 '일처리' 방법론으로 많은 이들에게 언급되는 '애자일' 방법론에 대하여 주요 특징을 설명하시오.

❸ 국내 창업기업으로 1조 이상의 가치로 평가받는 '배달의 민족'과 같은 창업기업을 그리스 신화에 머리에 뿔과 날개를 달린 말인 유니콘과 같이 희소하다는 의미에서 유니콘 기업이라고 하는데, '배달의 민족'의 사업모델과 고객가치에 관하여 토론해보자.

❹ 창업자가 비교적 손쉽게 자신의 사업모델을 구성하고 빠진 것이 없는지 확인하는 방법 중의 한 가지는 '비즈니스 모델 캔버스'를 통한 점검이다. 비즈니스 모델 캔버스의 구성요소와 각각의 요소가 무엇을 말하는지 서술하시오.

제9장
창업 사업계획

제1절 사업계획 개요
제2절 사업계획 작성절차
제3절 사업계획 주요 구성요인

제9장
창업 사업계획

제1절 사업계획 개요

창업 사업계획이란 창업에 관한 전체적인 사업개요와 계획을 체계적으로 정리한 문서를 말한다. 사업계획서에는 창업의 목적, 창업 아이템, 창업 아이템의 사업 타당성, 구체적인 차별화 전략과 운영계획, 창업의 수익성과 타당성 자금 확보, 조직구성, Exit 계획 등을 기술해야 한다. 사업계획서는 투자자를 비롯한 정부기관 등 제 3자에게 창업자와 창업자의 사업을 소개하는 얼굴과 같기 때문에 객관성, 정확성, 전문성과 독창성을 갖추어야 하며 특히 사업아이템의 차별적 사업모델이 가장 중요한 요소라고 할 수 있다.

사업계획서는 크게 내부적인 목적과 외부적인 목적을 두고 작성하게 되는데, 사업에 대한 의견 교환, 내용 운영을 위한 정보 공유의 목적으로 창업자, 경영진, 직원 등이 동일한 전략과 방향으로 사업을 추진할 수 있도록 활용하게 되며, 외부적으로는 투자자, 보증기관, 정부기관 등에 비전을 제시하고, 투자 유치 및 정책 지원을 목적으로 활용한다. 사업계획서의 용도 및 목적에 맞추어 사업계획서의 유형을 결정하는 것이 중요한데 요약 사업계획서, 내무 업무 추진 사업계획서, 외부 발표용 사업계획서로 크게 구분할 수 있다.

	요약 사업계획	내부 공유용	외부 발표용
용도	· 사업 컨셉 · 외부투자유치	· 내부운영계획서 · 운영 매뉴얼 · 정량적 목표 중심	· 정부/기관 등 투자유치 목적으로 작성
주요 특징	· 사업개요 · 사업모델 · 마케팅/재무 등 · 조직계획 · 경영목표	· 내부운영계획서 · 운영 매뉴얼 · 정량적 목표 중심	· 사업개요/사업모델 · 마케팅/재무 등 · 조직계획/경영목표 · 시각적 표현/어구

사업계획서는 동일한 내용으로 작성하되 목적에 맞도록 수정과 보완, 해당 목적에서 요구하는 핵심적인 필요부분을 재정리하여 활용하면 된다.

제2절 사업계획 작성절차

사업계획서는 목적과 용도에 따라서 내용상 차이가 있으며, 작성 전에 미리 기본계획과 작성순서를 정해야 시간과 노력을 절약할 수 있고, 내용도 충실해 질 수 있다. 또한 본인이 직접 작성할 것인가 전문가에게 의뢰할 것인가도 결정해야 한다. 사업계획서는 창업자 본인이 직접 작성하는 것이 가장 좋지만 문서를 만들고 체계적으로 정리하는 것이 힘들다면 사업계획서의 일부분을 외부 전문가에게 의뢰하는 방법도 고려해야 한다. 산업계보다는 학계 등 외부 전문가에게 의뢰할 경우 객관적인 검증도 함께 진행할 수 있으므로 정보 보안 및 비용적인 측면에서 좋은 방법이 될 수 있으며 오랫동안 산업계 현장경험이 있는 학계 전문가인 경우에는 시장과 고객을 보다 객관적인 시각에서 지도해줄 수 있어 초기 창업자들에게는 유용한 방법이 될 수 있다.

사업계획 작성이 어렵다고 느끼는 창업자는 먼저 인터넷과 정부기관의 공시자료 등의 사업계획 견본을 활용하는 것이 좋다. 구글 등 포털 사이트에 접속하여 해당 분야의 사업계획서를 검색하면 수많은 사업계획서 관련 정보가 공유되고 있다. 이미 작성된 사업계획의 순서와 절차, 내용을 자세히 읽어보고 창업자가 계획한 사업아이템과 유사한 사업계획을 기본 모델로 창업자의 사업아이템을 어떻게 표현할지, 수익은 어디에서 발생하는지 등을 기본정보를 기록한다. 사업계획서에 담겨져 있는 모든 내용을 동일하게 표현하거나 나타내려고 하지 말고 주요 핵심사항 위주로 정리해보는 작업을 해보는 것이 중요하다. 사업을 시작해서 운영에 이르기까지 수없이 많은 연습과 반복적 실행이 필요하듯이 사업계획 작성 역시 다른 사업계획을 모델로 창업자 본인의 사업아이템과 수익모델 중심으로 반복적인 고민과 아이디어 진화를 통해 차별 점을 만들어보는 것이 중요하다.

특히 사업계획 작성에 있어 창업자가 주의해야 할 점은 실질성과 구체성이다. 자신의 생각에는 충분한 차별화와 수익이 담보될 수 있다고 판단할 수 있겠지만 실제 시장과 고객의 욕구, 문제의 해결에 미치지 못한다면 일시적인 매출과 수익에 머무를 수 있다. 따라서 사업계획의 핵심사항인 사업아이템은 가능한 한 혁신적인 고객의 불편함을 해결할 수 있는 방법을 제시할 수 있어야 하고, 사업모델은 사업아이템이 불편함에 대한 대가와 지불로 연결될 수 있어야 한다.

다음은 사업계획의 일반적인 절차이자 요약 내용이다.

1. 사업 명	사업내용을 포함할 수 있는 내용으로 기재
2. 기업개요	

3. 총괄책임자		4. 총 투입인원	총 _____ 명

5. 사업비용	총사업비: _____천 원 정부출연금: _____천 원, 자기부담금: _____천 원

6. 사업모델	
7. 수행내용	
8. 사업목적	
9. 성과목표	*구체적으로 계량화 할 수 있는 성과목표 기재(최대 3가지)
10. 추진체계	*컨소시엄 참여 기관별 기능 · 역할 · 목표를 요약 기술
11. 사업화 가능성	
12. 단기 계획	

제3절 사업계획 주요 구성요인

사업계획서는 용도와 사용 목적에 따라 구성요소의 차이가 있지만 공통적으로 다음과 같은 요소들이 포함되어야 한다.

1) 회사 개요 : 회사소개, 주요 제품과 서비스, 대표자 및 경영진, 핵심역량, 재무현황

2) 사업 개요 : 창업 목표, 창업 배경 및 동기, 아이템 소개, 아이템의 기여도

3) 제품 및 서비스: 제품 및 서비스의 개요, 구성, 용도 및 특성, 장단점, 지적 재산권, 관련 산업의 기술동향

4) 시장 분석: 시장 특성, 동향, 규모, 고객 특성, 경쟁사 및 경쟁 제품

5) 개발 계획: 고객의 요구사항, 개발 목표, 보유 기술, 리스크 관리 방안

6) 생산 및 운영 계획: 생산량, 인원, 설비, 원자재 구매

7) 마케팅 계획: 목표 시장 세분화, 시장 선정, 포지셔닝, 제품, 가격, 채널, 통제

8) 재무 계획: 소요자금, 조달계획, 상환계획, 예상손익

9) 인적자원 계획: 창업 팀 소개, 소요인력 추정, 추가 채용 계획, 급여 및 보상 정책

10) 추진 계획: 최종 목표, 일정계획, 추진체계

□ 사업계획서의 구성요소

(1) 회사개요

창업회사에 관한 객관적인 정보를 제공하는 것으로서 사업계획서를 검토하는 투자가, 정부 기관, 금융 기관 등과 같은 외부 이해당사자들이 회사에 대한 정확한 정보

를 갖게 하는 데 목적이 있다. 회사의 소개 및 제품과 서비스, 대표자 및 경영진, 핵심 역량, 재무 현황 등에 관한 기본적인 정보를 간략하게 기술하게 된다. 여기서 대표이사 및 창업구성원들에 관한 정보를 중요하게 생각하는 투자자들이 많다. 이들은 대표이사와 창업 구성원 등의 학력, 창업 전 경력, 창업 전에 시장 경험과 제품 개발 이력 등 실제로 사업을 수행하거나 유사한 경험 활동에 관한 부분에 많은 관심을 두기도 한다.

(2) 사업개요

사업에 관한 전반적인 내용을 기술하는 것으로서, 창업 아이템의 개념과 특징을 설명하고 사업의 전체 개요에 대한 정보를 제공하는 데 목적이 있다. 창업 아이템, 창업 배경 및 동기, 창업 목표, 창업 아이템의 기술적, 경제적, 사회적 기여도 등에 관한 내용을 기술한다.

(3) 제품과 서비스

창업하고자 하는 제품과 서비스에 대한 내용을 기술하는 것으로 제품과 서비스의 개념과 기술 등을 중심으로 상세 정보를 제공하며 제품과 서비스의 개요, 용도 및 특성, 지적 재산권, 구성, 산업의 기술 동향, 장단점 등의 관점에서 기술한다. 주로 고객에게 제공하고자 하는 제품 또는 서비스가 고객이 추구하는 가치에 어떠한 방식으로 연계될 수 있는지, 제품 또는 서비스가 기술적인 핵심 경쟁력을 포함하고 있는지, 제품 또는 서비스의 기능적, 품질 속성이 시장 경쟁 우위로 존재하는지, 장점과 단점, 그리고 해당 제품과 서비스의 유사 경쟁사 또는 대체재는 무엇인지, 초기 고객의 반응은 어떠한지 등 굉장히 구체적인 사항이 요구된다. 하지만 이러한 부분을 일일이 공개하는 것은 정보 보안측면에서 위험할 수 있으므로 핵심적인 부분을 모두 공개해서는 안 된다. 전체 사업계획서상 맥락적인 의미에서 그럴 수 있겠구나 정도의 수준과 강약을 조절하는 것이 중요하다.

(4) 시장분석

창업 아이템을 판매하고자 하는 시장에 관한 내용을 기술하는 것으로서, 시장과 고객, 경쟁사 등에 관한 분석을 중심으로 시장의 현황을 설명하며 주요 내용으로는 목표 시장의 특성, 시장의 동향, 시장 규모, 고객 특성, 경쟁사 및 경쟁 제품 등의 관점에서 시장 동향을 기술한다. 진입하고자 하는 시장과 고객 세그먼트의 특징과 특성, 시장의 전반적인 트렌드와 문제점, 문제점 해결을 원하는 고객의 사이즈와 규모, 주요 고객 세그먼트의 재무적 가치와 크기, 기존 유사 및 대체재 시장의 규모와 경쟁 Player 등을 분석한 내용을 중심으로 기술한다.

(5) 개발계획

제품과 서비스를 개발하기 위한 계획을 기술하는 것으로서, 창업하고자 하는 제품과 서비스의 특성은 무엇이고, 어떤 기술을 활용할 것인가, 어떻게 개발할 것인가에 대한 전반적 개요를 설명하며 고객의 요구사항, 개발 목표, 보유 기술 및 개발과정에서 예상되는 문제점과 해결방안 등을 중심으로 기술한다. 제품 또는 서비스의 개발 계획에서 보유 기술 또는 핵심 기술을 보유하면 좋겠지만 그렇지 못할 경우, 해당 기술이 보편타당한 기술의 응용인지, 그렇지 않다면 어떻게 해당 기술을 확보할 수 있는지 등을 기술해야 한다. 투자자는 해당 기술이 매력적이거나 창업자가 지금 당장 기술을 보유하고 있지 못하다면 자신이 투자하여 해당 기술을 확보하거나 또는 창업자에게 창업 자본을 대여하여 해당 기술의 가치를 높이려고 판단할 것이다. 따라서 핵심 기술 또는 개발에 필요한 요소기술에 대한 부분의 설명이 필요할 수 있다.

(6) 생산 및 운영계획

개발한 제품과 서비스의 생산 및 운영 계획을 기술하는 것으로서, 제품과 서비스를 얼마나, 어떻게 생산하고 효율적으로 운영할 것인가에 대한 전반적인 개요를 설명하는 데 목적이 있으며 생산량과 생산원가와 같은 생산 관리 계획, 생산 설비, 원자재 확보 방안 등을 중심으로 기술한다. 제품 또는 서비스를 어떻게 생산하고 해당되는 비용은 어느 정도 수준인지, 생산에 필요한 원재료 등의 조달처는 어떻게 되는지, 어떠한 방식과 시설로 생산할 것인지, 서비스인 경우, 서비스 운영인력을 어떻게 확보하고 교육, 훈련할 것인지 등을 서술한다.

(7) 마케팅 및 판매계획

생산한 제품과 서비스의 판매 계획을 수립하는 것으로서, 제품과 서비스의 판매를 위한 목표 시장과 구체적인 마케팅 전략에 관한 정보를 기술하는 데 목적이 있으며 목표 시장의 세분화 및 선정(STP 분석), 제품, 가격, 유통 채널, 판매 촉진(4P) 계획 등을 중심으로 기술한다. 주로 마케팅 및 판매계획은 제품 또는 서비스의 수요예측의 정확성에 기반을 둘 수 있으므로 수요에 따른 시나리오 계획을 수립하는 것이 좋다. 일반적으로 Normal 한 판매, Best로 판매할 경우, Worst의 경우 등의 전제조건을 산정하여 해당 조건에 따른 마케팅과 판매 계획을 수립한다면 급격한 시장 환경의 변화 등에 대응할 수 있는 준비를 갖출 수 있다.

(8) 재무계획

창업을 위해 필요한 자금에 관한 내용을 기술하는 것으로서, 필요한 자금이 얼마인지, 어떻게 조달할 것인지, 언제 얼마만큼의 금액을 상환해야 할지에 대한 정보를 제공하는 데 목적이 있으며 소요자금 분석, 자금 조달계획, 상환계획, 예상 손익 등을 중심으로 기술한다.

(9) 인적자원계획

창업 기업의 운영에 필요한 인적자원에 관한 내용을 기술하는 것으로서, 창업에 필요한 핵심 인력의 확보계획 및 조직구성 계획에 관한 정보를 제공하며 창업 팀 소개, 소요 인력 추정, 추가 채용 계획, 급여 및 보상, 조직 구성 등을 중심으로 기술해야 한다. 전체적인 판매 매출 신장에 따른 인력과 조직의 구성 및 핵심기술 인력의 보완과 외부 채용 등을 고민해야 한다. 많은 인력보다 적은 인력을 통한 투자 시너지를 기대하기 때문에 초기부터 많은 인력의 투입을 가정한 사업계획은 좋은 호평을 받기 어렵다. 본사 또는 스텝 조직을 최소화 하되 충분히 통제가능하다는 인상을 심어주는 것이 좋다. 또한 방법론적으로 '애자일' 조직운영을 통한 성과 및 조직 효율성을 강조하는 것이 유리하다.

(10) 일정계획

창업의 추진 일정과 추진 주체에 관해 기술하는 것으로서, 창업의 최종 목표와 일정 및 목표 달성을 위해 필요한 주요 활동과 파트너들에 관한 정보를 제공하는 데 목적이 있으며 최종 목표, 일정 계획, 추진 체계를 중심으로 구체적인 추진 계획을 수립한다.

□ 사업계획 작성 Check Point

1) 핵심 내용 중심으로 작성하라

사업계획서에 너무 많은 내용을 담거나 너무 자세하게 작성하면 보고서를 읽는 사람은 이해하기 어렵다. 따라서 창업아이템의 필요성, 경쟁 제품과의 차별성, 시장성 및 수익성 등의 내용을 중심으로 명료하게 설명해야 한다.

2) 논리성과 객관성을 확보하라

사업계획서는 자신의 사업계획을 남에게 설득하는 보고서이기 때문에 논리성과 객관성을 갖추어야 하며 추상적인 개념보다는 구체적인 데이터를 기반으로 신뢰성을 확보할 필요가 있다.

3) 잠재시장과 수익성을 제시하라

시장 분석을 통하여 잠재적인 시장의 존재와 성장 가능성을 부각시켜야 한다. 잠재적인 수익모델과 수익성, 왜 투자를 해야 하는지에 대한 이유를 소개할 필요가 있다.

4) 사업모델을 명확하게 제시하라

무슨 사업을 어떻게 수행해서 수익을 창출할 것인지에 대한 방법을 명확하게 제시해야 하며, 특히 IT와 기술 창업의 경우는 사업하는 방식이 이해하기가 힘들기 때문에 사업모델을 명확하게 제시할 필요가 있다.

5) 현실적인 자금 조달 및 운용 계획하라

사업 운영에 있어 필요한 소요 자금을 정확하게 산정하고, 구체적인 자금 조달 방안 및 계획을 수립해야 하며 창업자가 현실적으로 조달 가능한 자기자본을 기술할 필요가 있다.

6) 예상되는 문제점과 극복 방안을 기술하라

사업계획서에 너무 긍정적이고 장미 빛 내용만 포함하면 설득력이 떨어진다. 그러므로 사업을 추진하는 과정에 발생할 수 있는 문제점과 극복 방안을 제시하여 설득력을 높일 필요가 있다.

7) 독창성을 가져라

사업계획서의 가장 중요한 목적 중 하나는 투자를 유치하는 것이기 때문에 진부한 사업계획서는 설득력이 떨어진다. 창업 아이템 및 창업자 능력과 창업 아이템, 창업팀, 사업 내용의 독창성이 드러나도록 작성할 필요가 있다.

8) 전문적인 용어의 사용을 자제하라

사업계획서를 읽는 제3자의 경우 해당 분야에 대한 전문가가 아닌 경우가 많기 때문에 전문용어 사용을 자제해야 한다. 따라서 전문적인 내용은 최대한 쉽고 이해하기 쉽게 구체적으로 작성할 필요가 있다.

9) 과장하거나 숫자를 부풀려서는 안 된다

사업계획서가 신뢰를 주기 위해서는 투자를 위해 재무제표를 부풀리거나 과장되게 쓰는 것은 금물이다. 사업계획서에 장점만 작성하는 것보다는 약점도 인정하고 어떻게 극복할 것인지를 제시할 필요가 있다

10) 지속적으로 수정 보완하라

사업계획서 작성은 한 번에 끝나는 것이 아닌 지속적인 수정 및 보완이 이루어져야 한다.사업계획서에 잠재되어 있는 문제점과 향후 발생 가능한 위험 요소를 분석하고 대응 방안 수립할 필요가 있다.

제 9 장. 창업 사업계획

소속 ....

성명 ....

❶ 창업 사업계획의 3가지 주요 유형에 대해서 정의하고 각각의 특징을 논하시오.

❷ 창업자가 사업계획을 작성함에 있어 주의해야 할 점은 실질성과 구체성이다. 창업자 스스로 사업계획에 관한 작성 방향과 원칙은 어떻게 설정하는 것이 좋을 것인가?

❸ 사업계획을 작성함에 있어 반드시 포함되어야 할 요소는 무엇인가? 창업 기업의 사업계획은 기존 기업의 사업계획과는 무엇이 달라야 하는가?

④ 사업 계획을 수립할 때 고려해야 하는 10가지 점검 사항을 기술하고 주요 내용을 서술하라.

제10장
창업 조직 구성

제10장
창업 조직 구성

제1절 조직 구성의 고려사항

예비 창업자가 창업을 준비하는 과정에서 소위 뜻을 같이 하는 사람들과 함께 동업하거나 창업 준비 팀에 동참하는 인력 또는 조직을 구성하는데 창업 팀 또는 인력, 조직의 구성은 초기 창업의 성공에 있어 중요한 요인이 아닐 수 없다. 성공적인 창업의 중요한 요소를 순서대로 나열한다면 가장 중요한 것은 사업아이템과 사업모델이고 사업 자본금 확충, 그 다음이 인력구성이라고 해도 과언이 아니다.

물론 창업자 자신이 모든 부분에 관여하는 1인 창업의 경우, 본인이 기획부터 운영까지 수행하면 되겠지만 창업규모, 핵심기술, 지속적인 운영과 투자를 고려하면 4~5인의 팀 단위 이상 조직이 필요하며 해당 직무분야의 가장 적합한 인재를 선발 또는 스카우트해 적재적소에 배치하는 것이 경영효율을 극대화시키는 것이 될 것이다. 이런 의미에서 창업기업의 구성원, 즉 창업 팀과 그 조직이 중요한 의미를 갖게 되며 사업을 시작할 때 의사결정을 내려야 할 핵심요소 중 하나가 된다.

창업을 준비하고 진행하다보면 준비과정 또는 초기 운영에서 창업자가 생각하는 더 중요한 일을 본인이 직접 수행해야 할 필요성을 느끼고 기존 업무를 다른 인력으로 대체한다면 더욱 효율적이고 효과적일 것이라는 판단을 갖게 된다. 이에 창업 준비 또는 운영에 있어 특정시점부터 새로운 인력을 확충하는 것이 적절한 것인가라는 의

사결정을 해야만 하거나 또는 처음부터 창업에 동참하는 인력을 구성할 수 밖 에 없다. 창업인력을 새롭게 구성하거나 창업에 동참하게 될 인력의 모집은 창업의 위험을 가중시키는 것이 아니며 비용의 추가발생이 아닌 선제적인 투자라고 판단해야 한다. 다만 어떠한 인적 역량을 가진 인력을 구인할 것인가 하는 부분과 창업자 자신이 인적역량을 관리하고 지속적인 동기 부여를 통해 창업을 성공적으로 이끌어 갈 수 있을 것인가는 창업자의 역량이다.

우선 창업 준비과정에서 고려되어야 할 인력에 관한 고려사항을 살펴보면 다음과 같다.

- 창업 인력과 조직은 가급적 간단한 구조로 구성하라
- 경력직원의 스카우트가 필요한 경우에는 신중을 기해야 한다.
- 창업자가 동업자와 함께 하는 경우 반드시 법률대리인의 확증을 받아라.
- 사업 아이템에 따른 특색 있는 조직을 구성하라.
- 창업을 위한 내부 시스템에 기반을 둔 재능과 특성을 고려하라.
- 내·외부 자문단 또는 자문 그룹을 외곽조직으로 확보하자.

(1) 창업 인력과 조직은 가급적 간단한 구조로 구성하라.

창업 준비와 초기운영이 완성될 때까지는 창업자 단독으로 모든 일을 처리하고 준비하는 것이 좋으며 업종이나 사업규모에 따라 준비하기 어려운 경우에는 최소 인원을 고려하여 구성하는 것이 좋다. 모든 창업은 가장 작고 낮은 단계부터 시작하는 것이 가장 바람직한 방법이다. 일부 창업관계자들은 필요시 가족의 도움이 효과적일 수 있다고 하지만 창업 그 자체를 고려하더라도 가족의 참여는 가급적 피하는 것이 좋다. 가족이라도 하더라도 창업 내용을 제대로 이해하지 못해 도움보다는 걱정과 우려를 창업자에게 전달함으로써 창업의지에 부정적 영향을 주는 경우도 허다하다. 적극적인 도움에 관한 의사를 피력할 경우에는 단순한 업무를 중심으로만 조력을 구하는 것이 좋다.

창업 준비는 창업자가 예상한 것보다 많은 시간이 소요될 수 있기 때문에 창업초기 과도한 인력투입은 오히려 창업자의 업무진행에 방해가 될 수 있다. 창업은 준비과정을 얼마나 단순화할 수 있는가에 따른 시간, 자금, 인력 등 자원과의 싸움이 될 수밖에 없다. 모든 기업경영이 그러하듯 효율적, 혁신적 경영의 가정은 자원의 부족을 이겨내고 문제를 해결함으로써 시장과 고객이 느끼는 가치 제공을 통한 매출과 이익의 달성임을 명심해야 한다. 따라서 예비창업자가 현장경험과 체험을 통해 직접 움직이고 정보를 탐색하며 문제를 해결, 정리해나가는 과정이 곧 창업이요, 기업경영의 시작임을 반드시 알아야 한다.

(2) 경력직원의 스카우트가 필요한 경우에는 신중을 기해야 한다.

창업자의 독립적인 노력에도 불구하고 혼자서 모든 것을 할 수 없는 경우에는 직원을 고용하게 된다. 이때 해당 분야 또는 직무에 경험을 가진 경력 직원을 채용하게 되는데 가장 먼저 고려하는 것이 직원의 역량일 것이다. 인성은 물론 직무역량도 중요하지만 최근에는 끈기와 인내심이 더욱 요구된다. 기업의 인사 관계자들의 의견을 청취해보며 매년 새롭게 입사하는 신입사원 경우 '신인류'가 탄생하는 것 같다는 농담 섞인 자조의 소리가 들린다. 그만큼 다소 보수적인 기업문화를 가진 곳에서 판단할 때는 새로운 교육체계, 사회 경제 환경에 익숙해 온 인력이 참여하기 때문일 것이다.

따라서 처음부터 정규직 직원으로 채용하기보다는 정규직을 담보하되 직무역량에 따른 판단과 의사결정을 하는 것이 좋다. 채용과정에서 직무가 맞지 않거나 기대이하의 역량을 발휘할 경우 직원채용에 따른 문제가 발생하게 되는데, 이 경우에는 창업자가 기대감을 낮추거나 창업과정에서 겪어야 하는 일이라고 생각하는 것이 좋다.

창업은 대기업 집단과 같은 시스템과 조직구성을 갖춘 곳이 아니므로 이는 창업자가 감당해야 할 몫이다. 오히려 직무역량과 더불어 협동심, 팀워크 등 함께 무에서 유를 창조해가겠다는 의지와 끈기에 가중치를 두는 편이 바람직할 것이다. 중요한 것은 신입이던 경력이던 간에 창업자 자신이 창업과정을 설계, 기획하면서 정확하고 명쾌하게 직무를 분류하여 구성원에게 전달하고 이해시키는 것이 매우 중요하다. 대부분의 창업자는 새로운 창업아이템과 아이디어로 시작하기 때문에 불완전하고 불확실한 가정이 많다. 이는 업무를 수행하는 사람들의 입장에서 보더라도 다른 아이디어를 생각하게 하는 장점도 있지만 업무 자체의 불안감을 가중시킬 수 있다. 그만큼 직무설계에 따른 필요역량을 구분하고 업무의 시작과 끝을 명확하게 설계하는 과정이 필요하다.

예를 들어 구글의 경우 혁신기업이 될 수 있었던 것은 직무에 관한 것 이외의 일체의 제약과 제한을 두지 않는다는 특징을 가지고 있다. 모든 것이 직원들의 업무는 '일정관리'에 기초할 뿐 복장, 두발, 인종, 종교 등 기업의 업무와 관련된 이외의 제약사항을 두지 않는다. 자신의 업무를 기록하고 이를 승인자로부터 승인받으며 업무는 성과와 어떻게 연계되는지가 분명하고 뚜렷하다고 한다. 업무 도중에 급작스런 회의를 잡을 수도 없으며, 필히 직원들 간에 예약을 통한 회의가 가능하며 업무를 완료했을 때 모든 시간의 개인적인 일에 활용할 수 있도록 한다. 따라서 업무기획과 성과가 자연스럽게 연동되어 있고, 이에 따른 달성여부에 따라서 직원들의 자율적인 시간활용이 가능한 기업업무체계를 지키고 있다. 이처럼 창업자가 새로운 인력을 수급하거나 채용할 때는 창업기업 내부의 규칙과 원칙이 직원들과 합의되고 교육되어야 하며 동시에 수행하는 업무가 업무 수행의 결과 또는 성과로써 어떻게 산출되고 연계되는지 분명하고 명확하게 기획, 실행될 필요가 있다.

(3) 창업자가 동업자와 함께 하는 경우 반드시 법률대리인의 확증을 받아라.

예비창업자가 창업을 결심하고 의지를 피력하며 사업 준비를 시작할 경우에는 가급적이면 동업은 피하되 동업이 꼭 필요한 경우에는 상호 조건을 정확히 제시해 합의가 된 후에 창업 준비에 착수할 필요가 있다. 동업관계가 끝까지 유지되는 경우는 극히 드물며 만약 동업이 필요한 경우 법률적으로 보장받을 수 있는 계약과 조건을 명시해야 한다. 반드시 변호사를 통해 동업계약서의 제반조건과 사항을 검토 받고 시작하는 것이 가장 먼저 해야 할 일이다.

동업의 경우, 대체적으로 잘 아는 지인들, 가족관계 구성원 등에서 시작되는데 유교적인 문화가 지배하고 있는 사회적 환경을 고려한다면 좋은 것이 좋다 또는 우리가 남인가 라는 식의 접근 방식이 사업적으로도 아직까지 유효하다. 결론적으로 말하자면 동업의 경우, 좋은 것이 다 좋지 않으며, 우리는 분명 남이라는 사실을 인지하는 것으로부터 동업은 시작될 수 있다. 사업은 사업이고 계약은 계약이다. 그러므로 법적 보호를 받거나 증인으로서 역할을 대신할 수 있는 법률 대리인인 변호사로부터 확증을 받는 것이 중요하다. 비용적인 측면에서도 크지 않으며 창업 이후의 책임소재 및 권리주장을 위해서도 반드시 중요한 창업과정 중에 한가지다. 일정 기간 후 동업관계로 끝난다는 전제하에서 동업관계가 종료되는 시점에서의 이해관계도 미리 협의해 두어야 한다.

동업관계의 파탄은 창업이 잘 진행될 경우, 잘 진행되지 않을 경우 등 다양한 상황적 과정에서 발생할 수 있다. 창업조직의 기본은 위험성과 불확실성을 얼마만큼 줄여갈 수 있느냐가 성공의 관건이다. 많은 창업자들이 동업을 회피하거나 동업 후에 갈등과 법적 분쟁을 겪는 이유도 바로 법률적인 책임과 권한관계를 명확하게 지정하지 않는 것으로부터 야기된다.

제2절 내부 조직구성

(4) 사업 아이템에 따른 특색 있는 조직을 구성하라

창업자는 선정된 사업 아이템에 적합한 조직을 구성할 필요가 있다. 창업자가 조직 구성에 있어 실수를 반복하는 것 중의 하나는 시장 내 경쟁사 또는 일반 기업과 유사한 조직을 머리에 떠올리며 그대로 따라한다는 것이다. 창업자는 대표이사가 되고 기능별로 조직을 구성하며 기능에 따른 업무가 명확해지며 이를 통해 창업자가 목표로 한 매출과 이익을 달성할 것이라는 생각을 갖는다. 기존에 잘 갖추어졌다는 조직은 오랜 업력과 실패의 경험을 딛고 자리를 잡아간 기업을 본 것이므로 창업초기 및 본격적인 운영상의 조직과는 맞지 않을 수 있다.

창업조직은 언급한 바와 같이 충분하지 않은 인력과 자원을 바탕으로 효율의 극대화를 추구해야 하는 부담감이 존재하므로 기존 조직의 형태와 직무 구성은 어느 수준에 이르기까지 창업자에게 조직구성에 관한 방향성을 제시할 수 있지만 이는 창업자가 의도한 사업 아이템의 사업방향과 정확하게 일치하는 효율적 구성이 될 가능성이 희박하다. 따라서 창업자는 기존 조직구성을 모방하거나 벤치마킹하기보다는 일정한 방향성만 참고로 한 후에 사업 아이템이 효율적이고 효과적으로 운영될 수 있는 시스템적 조직구성을 기획하는 것이 좋다. 특히 창업조직 구성원이 다양한 업무를 동시에 수행해야 하며 이를 통해 창업 조직에 대한 자긍심은 물론 전문가로서 직무 역량을 육성할 수 있는 장점이 존재하므로 사업 아이템의 성공적인 시장과 고객 운영을 고려한 특색 있는 조직을 구성할 필요가 있다.

(5) 창업을 위한 내부 시스템에 기반을 둔 재능과 특성을 고려하라

아무리 조직 내에 우수한 인력이 존재한다 하더라도 인력을 효율적으로 운영할 수 있는 시스템이 부재하면 아무 소용이 없다. 조직의 역량이 얼마만큼 효율적으로 운영되고 유지될 것인가의 여부는 창업목표 달성과 연결되며 창업성공의 지름길이 된다. 다만 조직은 해당 창업의 상황에 맞게 탄력적으로 운영되어야 하므로 수시로 조직 구성원의 의견을 충분히 청취해 상황에 맞는 조직이 되도록 꾸준히 개선해 나가야 한다.

앞에서 언급했듯이 소자본 창업을 위해서는 창업자 1인의 단독으로 인력이 구성되나 가령, 화장품 유통과 관련된 소자본 창업의 경우에는 반드시 1인 이상의 인력이 내부적으로 구성되도록 하고 있다. 화장품 판매, 유통에 제품의 특성상 내부 검수 인력을 반드시 두도록 법률적으로 정하고 있으며 이과 또는 공학을 전공한 4년제 대학 졸업 인력이 포함되어야 한다. 즉 아무리 소자본 창업이라고 하더라도 필요 인력구성이 불가피한 경우가 있기 때문에 창업자는 기본적으로는 단독창업을 고려하되 자신이 창업하고자 하는 업종에 따른 법적인 인력구성 요건을 사전에 조사해야 한다.

법적인 인력구성 요건을 파악한 창업자는 창업활동에 인력이 필요할 경우 조직을 구성하는데 업무수행에 필요한 내용을 정리하고 자신이 담당해야 할 부분과 업무특성상 전문성을 필요로 하는 부분을 구분하여 설계해야 한다. 즉 하나씩 둘씩 조직내부의 시스템을 갖추어가는 것이다. 소자본 창업자의 경우 대부분이 사업의 전반적인 부분과 인사, 재무 마케팅, 영업을 주로 담당하고 디자인과 고객 CS 등은 외부 인력을 통해 직무를 관리하는 경우가 많다. 세무회계는 창업자 자신이 직접 하는 경우 또는 외부 아웃소싱업체를 통해 해결한다. 즉 창업자는 업무성격상 지속적으로 수행해야 하는 업무인지, 간헐적으로 수행해야 하는 업무인지 등 업무 발생 빈도와 횟수에 따라 직무를 구분하기도 하며 업무의 전문성과 중요성에 따라 사업 아이템에 적합한 직무를 구성하여 시스템화 한다. 이때 중요한 것은 외부로부터 충원된 인력의 재능과 특성, 직무 경험을 충분히 파악하고 직무를 수행할 수 있는 인력을 평가하여 고용하는 것이다.

만약 창업자가 감당할 수 없는 업무가 있다고 판단된다면 팀 단위 구성원이 필요가 경우가 있다. 이때 창업자 또는 사업의 책임자는 사업을 철저히 이해하고, 사업에 필요한 인재는 어떤 재능과 특성을 갖춘 사람인가를 파악해야 한다. 외부 충원인력이 다양한 직무경험을 갖고 있다면 다행이지만 대다수의 경우 전문성은 갖추고 있지만 다양한 산업과 직무를 한 경험이 부족할 수 있다. 따라서 창업자는 먼저 사업아이템에 따른 직무단위로 업무를 세분화하고 이에 적합하게 내부적으로 수행할 수 있는지, 외부의 아웃소싱을 함께 고려해야 하는지, 새로운 팀을 구성하여 수행할 수 있는지를 판단하는 것이 중요하다.

창업자가 판단하는 사업의 완성수준, 사업의 운영과 사후처리, 사업의 매출과 이익의 발생정도 등을 고려하여 이에 필요한 직무를 수행할 수 있는 직원을 채용하는 것이 바람직하다. 가령 매출과 이익이 창업자가 예상한 것보다 월등히 좋아지는 경우도 발생하고, 오히려 기대에 못 미치는 경우도 발생할 수 있다. 이때 구성된 인력이 부족한 매출과 이익에 기여하면 좋겠지만 이러한 부분은 창업 초기운영 단계에서는 상당히 큰 위험으로 다가올 수 있다. 따라서 안정적인 매출과 이익 확보가 가능한 시점에 순차적으로 인력을 충원하여 구성하는 지혜가 필요하다. 자칫 기대하는 매출과 이익이 발생하지 않는 경우 인력 구성은 창업 자체의 존립 위험에 영향을 줄 수 있으며 고정비로써 인건비가 지속적으로 지급되어야 하기 때문에 신중한 판단이 요구된다.

앞서 언급한 바와 같이 창업기업이 흔히 활용하는 '애자일' 조직구성을 참고할 필요가 있다〈표 10-1〉.

〈표 10-1〉애자일(Agile) 조직의 변화 방향

조직	• 임원 산하 조직 간 경계를 제거, 조직별 특성을 반영한 조직 운영 → 유연한 Biz, 환경 대응
인력	• 팀 경계/직책/연차 구분 없는 일 중심의 운영 • 업무 특성에 맞는 최적 PL(Professional Leader) 활용
문화	• 구성원의 자발적 과제 제안, 업무개선 발굴 → 역량/생각의 공유를 통한 혁신 아이디어 자극 및 다양한 일을 통한 육성
평가/보상	• 협업 강화, 도전/실패에 대한 인정 → 성과/책임 있는 곳에 더 큰 인정과 보상 원칙 유지

〈출처 : SKinnoNews, 2019. 02.13〉

기존의 팀 조직의 경계를 없애고 일을 중심으로 유기적으로 협업하는 애자일(Agile) 조직을 도입하는 사례가 급증하고 있다. 급변하는 경영 환경에서 유연성과 효율성을 높이기 위해, '일하는 방식의 혁신'을 추진하겠다는 것이다. SK와 같은 대기업들도 유연하고 민첩한 조직을 구성함으로써 급속한 시장변화에 대응하고 실무진의 의사결정력을 높임으로써 조직에 활력을 불러일으키겠다는 발상의 전환이다. 창업 조직들도 자신이 처한 환경에 맞도록 조직의 유연성을 담보하는 방법을 개발, 적용할 필요가 있다.

제3절 외곽 조직구성

충분하지 않은 인력으로 창업 준비와 운영을 시작하다보면 예상치 못한 다양한 상황에 직면하게 되는 경우가 비일비재 하다. 철저히 계획하고 사전 조사가 충분했음에도 불구하고 시장상황의 악화, 외부 경제성장의 영향, 소비의 급감, 유사 경쟁사의 출현과 증가 등 통제 불가능한 상황에 직면하게 되면 아무리 좋은 사업아이템이라도 창업자에게 크나큰 시련과 도전으로 다가올 수밖에 없다. 창업은 위험성과 불확실성을 얼마만큼 사전에 파악하였으나 내외부적 환경의 변화로 인한 대응과 보완책을 마련하는가에 따라 성공적 창업과 안정적 운영에 절대적인 영향요인으로 작용하기 때문에 이에 대한 대비책을 미리 세워두는 것이 좋다. 창업자가 빈번하게 실수하는 것 중의 하나는 자신의 사업아이템에 관한 보안을 너무도 중요시 한 나머지 주변의 도움이 필요할 때 제대로 된 도움을 받을 수 없다는 것이다. 상황이 악화되거나 악화되는 징후가 나타난 이후에 주변 사람의 조언을 받으려 해도 현재 벌어진 상황에 따른 판단을 중심으로 조언을 하므로 구체적인 해답을 얻기보다는 원론적인 조언에 그치는 경우가 많다. 즉 창업 상황에 대한 객관적이고 냉철한 판단으로 해결책을 마련하는 경우가 적지 않다.

이에 창업과정에서 창업을 육성하는 액셀러레이터의 도움이 요구되거나 외부 자문단의 필요성이 부각되는 것이 현실이다. 특히 청년창업의 경우에는 경험과 지식, 시장상황에 대한 종합적인 판단이 부족할 수 있으므로 창업과 관련된 자문단을 외곽조직으로 확보하여야 필요한 시점과 상황에서 도움을 받을 수 있다. 모든 것이 내부적으로 순리에 맞게 운영된다는 보장이 없으며 때로는 객관적이고 필요한 상황적 인식에 관한 공감대를 형성할 필요가 있다. 이러한 측면에서 내외부 자문단 또는 외곽조직 확보가 중요하다. 자문단의 규모는 크지 않아도 되며 창업자가 취약한 부분을 중심으로 3~5인으로 구성하고 분기 또는 반기마다 사업에 관한 조언을 받는 것을 권장한다. 특히 자본력이 부족한 경우에는 사업아이템을 지나치게 과신하여 고객의 객관적인 평가조차 무시함으로써 시장에서 전혀 다른 결과에 직면하게 된다. 제품이던 서비스던 사업아이템에 관하여 구매하는 주체가 고객인데, 고객의 의견은 무시하거나 제대로 된 개선평가를 받지 않은 채 사업을 강행하게 되면 큰 낭패가 아닐 수 없다. 때로는 고객 지향적, 고객 중심적 사고를 지녀야 한다고 하면서 고객으로부터 직접 피드백을 받지 않고 창업실패를 하나의 교훈인 것처럼 스스로 위로와 위안을 하는 창업자들도 많다. 중요한 보안 정보는 철저히 관리되어야 하겠지만 급변하는 외부환경을 슬기롭게 대처해 나가기 위해서는 자문그룹 또는 외곽조직으로서의 전문가들을 위촉하여 창업자의 실수 또는 간과될 수 있는 부분의 중요사항을 점검해야 할 필요가 있다.

〈표 10-2〉 외곽조직 구성과 역할

구분	역할
전문위원 (3~5인)	· 해당분야 전문위원 그룹을 대표 · 분야별 학술 및 연구개발 지원사업의 패널·평가후보자 군 구성 　- 전문위원이 수행한 지식과 경험기반 제품/서비스 검토의견 　- 해당 분야 학술 및 연구개발 지원사업의 기획에 관한 사항 · 시장수요, 기술예측, 연구동향 등 조사·분석에 관한 사항 　- 시장 트렌드/경쟁사 등 동향 문의
소비자 위원 (5~7인)	· 제품 또는 서비스의 실제 Test 지원 · 사업의 온라인 평가결과 등 송부 · 제품 또는 서비스 컨셉 평가·진도관리·결과평가 등 참여 · 1개월 또는 분기단위 회의시행 · 시장 내 제품 또는 서비스 모니터링 지원

제 10 장. 창업 조직 구성

소속 ....

성명 ....

❶ 창업조직은 기존 기업의 조직구성과는 차이가 존재할 수밖에 없다. 기존 조직은 다양한 조직의 기능과 역할, 시스템 등이 갖추어졌으나 창업조직은 신생조직으로서 기존과는 다른 구성과 형태가 요구될 수도 있다. 이에 창업조직의 모습은 어떻게 구성되어야 하는지 토론해보자.

❷ 창업조직은 자율적인 기업문화가 강조되기도 하는데, 구글의 기업문화 및 일처리 방식을 벤치마킹 한 후, 장단점을 분석하고 창업조직에 반영될 수 있는 부분이 무엇인지 토론해보자.

❸ 창업조직구성에 있어 최근 주목을 받고 있는 '애자일'의 개념과 조직방향을 분석하고 이와 관련된 일처리방식을 서술하시오.

❹ 창업조직 구성에 있어 제품 또는 서비스를 완성하기 위해 흔히 외곽조직 또는 자문단을 구성하기도 한다. 이들 외곽조직 또는 자문단을 어떻게 구성하고 활용할지에 대한 계획을 수립해보자.

제11장
창업 자금 확보

제11장

창업 자금 확보

제1절 자금 조달 유형

창업자금의 확보는 예비창업자 및 초기 창업자들에게 가장 큰 고민거리인 동시에 과제이다. 창업을 준비하면 창업자 본인의 인건비는 사업을 시작하기 전이므로 스스로 감내해야 하는 부분으로써 큰 고민은 아닐 수 있지만 창업자가 마련한 자금을 사업에 투입하는 순간부터 예산과 비용을 관리하지 않고는 한 치의 앞을 내다보기가 어려울 것이다. 그렇다고 창업자금이 여유롭다면 굳이 창업할 이유도 희박해지기 때문에 소위 전쟁터에 나가는 군인의 자세로 철두철미한 자금관리를 해야 할 필요가 있다.

1. 창업자금 조달 유형

창업자금을 확보하기 위해서는 먼저 자금을 조달해야 하는데 창업자 스스로 자금을 조달하는 것과 타인 또는 외부기관으로부터 자금을 조달하는 것으로 구분된다.

〈그림 11-1〉 창업자금의 구분

1인 소자본 창업의 경우에는 큰 자금마련 필요 없이 창업을 시작할 수 있으나 타인으로부터 자금을 조달해야 하는 상황은 어려움이 따를 수밖에 없다. 1인 소자본 창업에서는 외부에서 자금을 대여해주거나 투자하는 투자자가 나타나지 않을 경우가 대부분이므로 적어도 팀 단위 창업조직에서는 타인자금의 조달이 중요하다. 대부분의 타인자금은 시제품을 제작하거나 판매를 위한 비용으로 지출되고 고정비용으로는 사무실 임대료, 창업 팀의 월 급여 등이 가장 큰 비중을 차지한다. 최근에는 창업 팀을 구성했다고 하더라도 월 급여를 제때 지불하지 않는 경우, 팀 구성이 해체되는 경우가 다반사이며, 사무실 임대료의 경우 보증금 등 초기 집행되는 자금이 크기 때문에 이에 대한 철저한 예산관리가 필요하다.

창업자라면 구성원들의 급여와 연간 사무실 임대료, 기타 세금과 공과금, 최소의 연간 운영비용을 산정하고 이에 대한 자금 조달 확보방안을 미리 계획하여 추진해야 한다. 따라서 창업 준비 또는 초기단계에 자금 조달과 확보가 어려워지면 창업은 뒤로 한 채 자금 조달로 많은 자원이 낭비되는 경우가 허다하다. 자원의 낭비는 곧 본격적인 창업개시가 뒤로 밀릴 수 있다는 것을 의미하고 비용은 기하급수적으로 증가한다는 것을 의미한다.

일반적인 자금 조달 과정은 우선 필요자금을 예측하고 가장 기본적인 자금은 자기자금으로 준비하는 것이 좋다. 앞서 언급한 바와 같이 1인 창업의 경우 사업 아이템의 판매에 이르기까지 사업 아이템의 유형과 종류에 따라서 필요자금이 달라진다. 만약 전자상거래 오픈 마켓을 중심으로 창업을 기획하고 실행한다면 거의 자금이 들지 않는다. 다만 고객 주문 후 상품을 도매 또는 제조사로부터 구매하는 금액이 필요하다. 이러한 경우가 아닌 직접 시제품을 생산, 가공, 판매할 경우에는 일정량의 상품 재고가 필요하므로 이에 대한 자금소요가 집행되며, 서비스 제공의 경우에도 서비스 운영에 필요한 자금이 소요된다.

오프라인 매장의 창업을 계획할 경우 오프라인 매장의 보증금, 임대료, 권리금, 제품 구매, 시설 및 인테리어, 직원 급여 등 적어도 30평 기준하여 약 1.5억 내지 2억의 초기 자금이 소요될 수 있다. 따라서 자기자금은 가능한 70% 이상이 확보되도록 하는 것이 바람직하다. 성공적인 창업이후에 외부자금 수혈로 인한 지분 및 가치산정으로 인해 법적 갈등이 발생할 수도 있기 때문에 70% 선에서 자기 자금으로 충당하고 30% 정도는 외부자금으로 조달하는 것이 바람직하다. 외부 투자자 입장에서도 자기자금 100%인 창업자들에게 접근하는 경우는 없다. 외부투자자가 사업에 관여할 수 있는 부분이 전혀 없다는 것은 투자처로서의 매력을 상실할뿐더러 굳이 자기자본 100%인 곳에 투자하여 이익을 볼 수 없기 때문이다.

만약 정부나 지자체의 지원 자금으로 외부자금을 조달할 경우라면 사업계획서와 창업 초기 실적을 정리하여 관련자들에게 저리의 이자와 원금을 상환하는 약정을 맺고 자금을 조달한다. 이때 정부나 지자체의 창업지원자금의 종류와 유형이 너무도 많기 때문에 관련 설명회 또는 해당 기관의 담당자를 방문하여 상담하고 사전에 지원을 받을 수 있는지의 여부를 확인하는 것이 좋다. 성공적인 창업을 통해서 굳이 외부자금을 수혈할 필요가 없는 경우, 또는 창업 후에 사업을 매각하는 것이 아니라면 최소한

〈그림 11-2〉 단계별 자금 조달

1단계	필요 자금을 예측하여 가장 기본적인 자금은 자기자금으로 준비
2단계	정부지원 대상이 될 수 있도록 기본요건을 확보한 후 사업화 직전까지 개발자금 등의 정부정책자금 활용
3단계	성공적인 사업화 이후에는 정부지원보다는 자기자금, 정책자금, 금융권 자금, 투자유치 등의 방법으로 자금 조달

의 자금만 조달, 융통하여 향후 자금 조달의 필요성이 제기될 때 사전 신용도를 올려 놓고 더 큰 자금을 받을 수 있도록 하는 것이 바람직하다.

제2절 자금 조달 원칙 및 운영

　시장성이 좋고, 수익성이 높은 사업이라도 사업 추진에 필요한 적정규모의 자금이 적기에 조달되지 않으면 그 사업의 성공가능성은 낮아지게 된다. 기업의 자금관리 능력이 창업의 성패를 좌우하는 가장 중요한 요소가 되고 있기 때문에 창업 초기 기업일수록 자금관리의 중요성을 인식해야 하며, 세심한 자금관리를 시행해야 할 필요가 있다. 일반적으로 중소기업은 창업 초기부터 정부지원 자금을 이용하는 경우가 많은데, 창업 초기부터 자기자금보다 정부지원 자금에 의존하게 되면 기업의 정상적인 성장을 저해할 수도 있다. 따라서 기업 성장단계별로 용도 및 여건에 적합한 자금을 조달하는 것이 가장 효율적인 방법이 될 것이다. 몇 가지 소개해보면 다음과 같다.

　〈그림 11-3〉은 일반적인 창업 자금은 순환을 표현한 것으로 초기 출자한 금액을 기

〈그림 11-3〉 창업 자금 순환

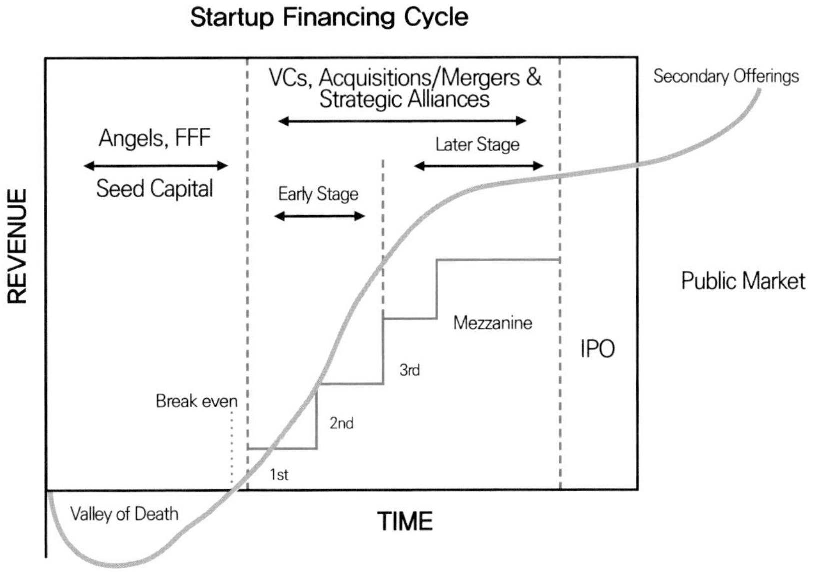

Startup Financing Cycle

반으로 '죽음의 계곡'이라 불리는 초기안정화 단계를 거쳐 주식공개를 위한 IPO까지 각 단계별 자금 조달 유형을 표현한 것이다. 본장의 뒷부분에 소개된 〈표 11-1 투자 단계별 주요내용〉을 함께 참고하기 바란다.

1. 클라우드펀딩

자금부족을 겪는 창업자들이 자신들의 프로젝트를 온라인상으로 공개하고 목표금액과 모금기간을 정하여 익명의 다수(crowd)에게 투자를 받는 방식을 클라우드 펀딩이라고 한다. 국내에는 와디즈가 본격적인 클라우드 펀딩을 중계하기 시작하였는데, 세계 최초의 크라우드펀딩 사이트는 2008년 1월 시작한 인디고가 있으며, 가장 유명한 크라우드펀드는 2009년 4월 출범한 미국의 킥스타터다. 미국과 유럽 등지를 중심으로 확산되었으며 2019년 현재 각종 스타트업들의 자금확보 방법으로 활용된다. 클라우드펀딩은 자금확보 방식에 따라 리워드형, 투자(증권형), 대출형으로 크게 구분된다.

(a) 리워드형

새로운 상품을 발명한 사업가나 문화예술 프로젝트를 진행하는 예술가 등이 인터넷에 사업을 공개하고 후원을 받는 방식으로 영화 연평해전 등이 관련한 프로젝트로 이름을 알렸다. 기본적으로는 투자에 대한 보상 의무는 없지만, 투자 활성화를 위하여 일정 금액 이상 투자 시 보상해 주는 경향이 보편화되어 있다. 가령 금액에 따라 개발 상품을 제공하거나 공연을 무료로 볼 수 있게 해주는 방식이다. 참여자가 많아지면 특전을 더 많이 제공하는 방식으로 구전에 의한 홍보가 이루어지도록 하는 경우도 있다. 이 경우에는 특별히 법률적으로 규제하고 있지 않지만 프로젝트 창업자가 잠적하는 경우도 있어 주의가 요구된다.

(b) 투자(증권형)

창업벤처기업 등이 사업 목표를 제시하고 비상장 공모주를 판매하는 방식이다. 문화상품(영화)도 페이퍼컴퍼니(문화전문회사)를 차려 자금을 모집할 수도 있는데, 대표적으로는 인천상륙작전이다. 공모를 진행할 수 있는 주체를 엄격하게 제한하고 있는 현행 자본 시장법으로 인해 불법성이 존재하였으나 창업투자를 활성화하기 위해 관련 법률개정안이 2015년 7월 6일에 통과됨에 따라 2016년 1월 25일 시행되어 온라인 소액 투자 중개업이라는 이름으로 합법적으로 시행되고 있다. 하지만 온라인 소액 투자 중개업자의 자격 및 투자자의 1인당 투자한도 등을 정해두고 있다. 업체당 연간 최대 1,000만 원까지 투자할 수 있으며 와디즈, 크라우디, 오픈 트레이드 등이 활동하고 있다.

(c) 대출형

다수의 개인이 아닌 개인과 개인이 돈을 빌리고 빌려준다는 개념으로 P2P금융, P2P대출도 클라우드 펀딩에 속하는데 불특정 다수로부터 투자금을 모은 뒤 대출을 원하는 사람에게 이를 제공하고 이자를 받는 개념으로서 소액 투자자로부터 자금을 모은다는 점은 클라우드펀딩과 비슷하다. 이 때문에 P2P를 '대출형 크라우드펀딩'이라고 부르기도 한다. 즉 여러 개인들이 돈을 모아 한 사람에게 돈을 빌려준다는 개념이다. 이는 한 개인이 아닌 다수의 개인이 필요자금을 빌려주는 엔젤투자자와 유사하다. 대부업자로 등록하지 않은 개인들은 이자소득에 대해 기타소득으로 과세되어 27.5%의 고율을 적용받는다.

이러한 개념의 웹사이트들은 꽤 오래전부터 있었지만 대출심사 없이 원하는 사람들은 모두 등록할 수 있게 하여 회수율이 높지 않았던 데 비해, 최근 등장한 업체들은 대출신청자의 SNS까지 뒤지는 세밀한 대출심사와 부동산 담보 등을 잡는 방법을 활용해 회수율을 높이고 있다. 이러한 특성으로 은행에서 대출을 받을 수 없어 대부업체로 가야할 저 신용자들이 10~15% 수준의 중금리로 대출을 받을 수 있고, 투자자들도 예·적금같은 초저위험 상품보다는 금리가 높으면서 주식 같은 고위험 투자보단 안전한 투자방법이 될 수도 있다. 엔젤투자에 대해서는 다양한 의견이 있지만 실제 엔젤투자를 받은 창업자들 사이에서는 엔젤투자는 소위 사채의 다른 이름으로 인식하는 경우도 많다. 엔젤 투자라고 갑자기 천사처럼 창업자의 자금을 해결해주는 것이 아니다. 제때 투자금 회수가 어려울 경우 담보는 물론 창업기업까지 직접 경영에 가담하거나 무리한 압박을 강하는 경우도 많아 엔젤투자는 특히 주의를 요한다. 투자 받기 쉬운 만큼 그에 따른 부담과 압력도 크다는 것을 잊지 말아야 한다.

2. 벤처캐피탈(Venture Capital)

창업시장에서 창업자가 투자를 받는 일반적인 방법이 바로 벤처캐피탈(Venture Captial)에 의한 투자이다. 일반적으로 VC로 불리며 창업자가 투자를 받았다고 얘기한다면 VC로부터 투자를 의미한다. 일반적인 벤처투자기관의 투자 라운드(Seed money → Series A → Series B → Series C → Series D)가 진행되며, 시리즈 A는 1st Round, 시리즈 B는 2nd Round, 시리즈 C는 3rd Round를 의미한다. 즉 창업기업 성장에 따른 투자 단계를 정한다. 즉 투자 라운드가 계속 진행된다는 것은 창업단계에서 충분한 매출과 수익, 그리고 성장과 발전이 담보되므로 지속적인 투자가 일어나는 것을 암시한다.

VC 투자에서 Seed Capital(Seed Money)는 초기 시제품을 개발하고 시장에서 출시할 때까지 가장 초기투자를 의미하며 창업자의 자본금에 해당되기도 하고 외부로부터 자금을 받은 총합을 의미한다. 창업자가 창업자본금을 바탕으로 시장에 상품을 출시하여 비용과 수익이 같아지는 BEP(Break Even Point) 도달하면 창업 초기 단계에서

〈표 11-1〉 투자단계별 주요내용

구분	주요내용
(1) 시드머니	· 투자자가 비즈니스의 일부를 매입하는 투자를 제안하는 형태 · 비즈니스의 매우 초기 단계에 집행하는 투자이며, 수익이 발생 또는 다른 투자를 받을 때까지 자금으로 활용 · 지인이나 가족의 투자, 크라우드 펀딩 또는 정부의 정책자금 활용
(2) 시리즈 A	· 창업 2 ~ 5년 차 스타트업 대상의 10억 원 ~ 20억 원의 투자규모 · 프로토타입 or 서비스 베타를 제품 또는 정식 서비스로 발전시키려는 목적으로 펀딩을 진행 · 초기 시장 검증을 마친 뒤 제품 또는 서비스를 정식으로 출시하기 전 투자 유치가 진행 · VC 또는 엔젤투자자가 일반적으로 진행함
(3) 시리즈 B	· 30억 ~ 100억의 투자규모 · 제품이나 서비스 최종 버전을 완성하고 목표로 한 1차 시장에서 의미 있는 성과를 달성하기 위해 추가적인 투자를 하는 단계 · 마케팅 또는 제품/서비스 실질적 오퍼레이션을 위해 필요한 비용으로 활용하거나 초기 글로벌 시장진입 용도로 활용 · 회사 상황에 따라 시리즈 B에서 펀딩을 끝낼 것인지 시리즈 C까지 한 번 더 갈 것인지 신중하게 결정 필요 · 주로 VC를 통해서 진행함
(4) 시리즈 C 이상	· 100억 원 이상의 대규모 투자 · 제품이나 서비스 정식버전 출시 후 이미 검증된 모델을 글로벌화 또는 연관 사업을 추진, 대규모 수익(Revenue)을 창출하여 공개 시장인 주식 상장(IPO) 또는 M&A 등을 현실화하기 위해 필요한 추가적인 자금을 조달 · 이 단계까지 성장한 창업기업들은 높은 회사가치(Corporate Valuation)를 인정받을 수 있으나, 추가적인 투자를 받고자 할 경우 투자자들이 Exit 할 때 어느 정도 투자수익이 발생하도록 투자조건을 조율해야 함 · 벤처캐피털, 헷지펀드, 투자은행에서 주로 투자
(5) IPO 및 M&A	· 투자자들에게 보상을 해주기 위해 공개시장 상장(IPO)을 하거나, 대기업에 인수됨 · 창업자는 일정기간 인수기업과 계약을 맺고 동일하게 활동 · 창업자의 지분율과 현금을 산정하여 현금은 일시급 또는 일정기간 동안 지급하며, 지분에 따른 이익은 별도로 받음 · 창업자와 투자자(VC)는 이를 통해 투자 금을 회수, 이중 상당수가 다시 창업 혹은 투자로 순환되기도 함.

VC들로부터 첫 번째 투자가 이루어지고 창업 기업의 성장에 따라 주식시장에 기업을 상장하기 전에 대기업 또는 다른 투자자들로부터 전략적인 인수 또는 합병(Acquistions & Mergers)이 발생하기도 한다. 이때 전략적인 인수와 합병이 일어나면 창업자는 엑싯(Exit)하는 동시에 기업가치 산정에 따라 큰 보상을 받게 되며, 인수와 합병이 진행되지 않는 경우에는 주식시장에 해당 창업기업을 상장하는 IPO절차를 밟게 된다.

3. 엔젤투자(Angel Funds)

엔젤투자란, 아이디어 혹은 기술력이 있으나 자금이 부족한 예비창업자나 초창기 창업기업에 투자하고 기업을 성장시킨 후에 이익을 회수하는 투자를 지칭하며, 이러한 엔젤투자를 진행하는 투자자를 엔젤투자자라 한다. 투자한 기업이 성공적으로 성장하여 기업가치가 올라가면 큰 이득을 얻을 수 있으나 실패할 경우에는 투자액의 대부분을 손실이 발생한다. 창업기업은 '죽음의 계곡'이라 불리는 창업 초기 단계를 이겨낼 수 있도록 도와주는 천사 같은 투자자라 하여 엔젤 투자자라는 이름이 붙여지게 되었다.

그러나 현실에서는 천사가 아닌 죽음의 계곡을 기다리는 사신정도로 오해와 착각을 일으키는 행동을 하는 경우도 많다. 엔젤투자를 경험한 창업자들은 거의 한결같이 '사채'라고 얘기하는 경우가 많으며 투자에 대한 손실이 발생하면 창업기업을 법률적으로 차압하거나 고발하는 경우도 빈번하다고 한다. 일반적으로 개인, 또는 자금력이 있는 개인들이 모인 투자클럽(엔젤클럽)이 투자 주체가 되어 스타트업의 미래 가능성을 보고 투자를 하게 되는데 자금 지원뿐만 아니라 투자자 자신의 전문 지식을 토대로 한 경영 자문을 통하여 스타트업이 성장할 수 있도록 도와주고, 이를 통해 기업 가치가 상승하였을 때 지분을 매각하는 방식으로 수익을 실현한다.

제3절 자금 조달 전략

1. 자금전략 개요

기업의 자금전략이란 기업 활동을 위해 필요한 자금을 안정적이고 효율적으로 적시에 조달하는 것과 조달된 자금을 효과적, 효율적으로 어떻게 운용하는가 하는 것이다. 즉, 자금 조달전략과 자금운용전략으로 구분할 수 있다. 기업의 목표는 '가치의 극대화' 또는 '주주이익의 극대화'라고 정의되므로 기업경영의 전반적인 과정은 이러한 목표달성을 위해 필수적인 역할을 수행하는 과정이다.

2. 자금전략수립

자본조달 전략에 있어서 자본비용의 최소화와 자금운용전략을 수립해야 하는데 투자가치인 순현재 가치의 극대화를 통해 기업가치가 극대화될 수 있도록 기업의 자금전략이 수립되어야 할 필요가 있다. 우선 창업에 필요한 자금의 규모가 얼마인가를 정확히 파악해야 한다. 향후 주주 또는 채권자들이 기업의 가치가 극대화될 수 있다는 믿음과 신뢰를 가질 수 있도록 자금전략을 수립해야 한다. 구체적으로 살펴보면 다음과 같다.

① 자기자본(내부유보자금, 유상증자 등)으로 필요 자금을 조달할 것인가 아니면 타인자본(차입금, 회사채 등)으로 조달할 것인가 또는 그 비율을 얼마로 할 것인가에 대한 계획을 수립해야 한다. 즉, 상품을 출시하여 일정기간 동안 운영하는 데 필요한 재투자를 위하여 얼마의 자금을 회사 내부에 유보금으로 보유하고 투자자 또는 주주에게 배당할

것인가를 결정하는 문제(배당의사결정)와 필요 투자재원을 어떻게 조달할 것인가를 결정하는 문제(기업재무결정)이 핵심적인 사항이다. 이를 위해서는 제품 또는 서비스의 수요 및 공급, 판매 및 비용과 이익에 대한 예측이 정확해야 하며, 추가적인 투자재원 조달 문제는 현재 회사의 자본구조 또는 부채비율 등을 토대로 회사의 이자부담능력, 손익 계산 및 목표 재무구조를 고려하여 결정한다. 부채비율은 업종 또는 영업활동에서 창출되는 현금흐름에 따라 다르지만 일반적으로 100%~200% 수준을 기준으로 잡는다. 만일 현재 창업기업의 부채비율이 100% 수준이고 영업활동으로 인한 현금흐름이 마이너스인 상태라면, 부채비율이 절대적으로는 낮은 상태임에도 불구하고 영업현금흐름이 부족하기 때문에 유상증자(주주배정 또는 제3자 배정)를 통한 자금 조달이 필요하다.

② 타인자본으로 조달하는 경우 얼마를 단기부채로, 얼마를 장기부채로 조달할 것인가의 문제를 신중히 고려하고 판단해야 한다. 이는 기본적으로 유동자산투자를 위한 자금은 유동부채(단기차입금)로 충당하고 투자자산 및 유형자산 등 장기자산에 대한 투자자금은 장기자금으로 충당함으로써 자산과 부채의 만기구조를 일치시키는 것이 가장 이상적인 형태가 될 수 있다. 아무리 낮은 부채비율을 유지하고 있는 창업이라 하더라도 단기차입금의 비중이 높고 고정자산의 비중이 높은 상태에서 예기치 않은 단기차입금의 회수 등 단기자금시장의 불안정성이 발생하면 창업은 상당히 곤란한 상황에 빠지게 될 것이며, 이를 해결하기 위해 더 높은 자금 조달비용을 지불해야 하든지 아니면 고정자산을 단기에 유동화 하기 위한 상당한 비용을 지불해야 한다. 따라서 이러한 유동성위험을 최소화하기 위해 자산과 부채의 균형된 만기구조를 유지한다는 것은 상당히 중요하다.

③ 자금 조달비용을 최소화하는 것이 중요한 의사결정의 한 부분이다. 즉, 자금시장

동향 및 전망을 토대로 언제 어떠한 자금으로 조달하는 것이 기업의 재무비용을 최소로 할 수 있을 것인가에 대한 판단을 지속적으로 할 필요가 있다. 따라서 실질적인 시장과 고객에게 매출이 발생하고 수익이 창출될 때 까지 가능한 고정비용을 줄여야 한다. 향후 창업이 성공하여 주식시장에 상장할 경우 훨씬 낮은 비용으로 안정적인 자기자금 조달이 용이할 수 있기 때문에 채권의 금리가 낮은 수준에 있는 경우 타인자본을 조달하는데 낮은 비용으로 가능할 수 있다. 하지만 이러한 예측은 불안정할 수 있으며 전체 경기성장과 흐름에 따라 변화와 변동이 발생할 수 있어 자금 조달비용의 측면에서 뿐만 아니라 창업의 존폐가 걸려 있는 중차대한 문제로까지 연결된다는 점을 잊어서는 안된다.

④ 우선 창업초기 단계와 시제품 또는 서비스를 특정지역에 배포하여 수익성 및 시장 가능성을 살펴보고 그에 따른 개선과 보완을 신속히 진행할 필요가 있다. 가능한 한 초기창업자금에서 고정비의 비율을 줄이고 다양한 자금전략 시나리오를 수립한 뒤 다음 단계의 자금 조달 방법을 모색해야 한다. 현재의 사업부문 가운데 수익을 내지 못하는 부문은 이를 통합해 시너지를 얻을 수 있는 방법도 찾아내고 불필요하는 부분은 과감히 정리해나가는 것이 좋다. 어느 정도의 규모로 성장하면 일방적인 사업부문의 양수·도 뿐만 아니라 서로 시너지를 얻을 수 있는 기업과 적극적인 결합을 통한 시너지 전략도 구사할 필요가 있다. 중소기업청 등 각종 지원 자금을 받을 수 있도록 하고 기업의 재무구조를 감안하여 적절한 수준의 차입금을 통한 최소한의 자금 확보를 위해 노력을 기울여야 할 것이다.

창업기업에 있어서 예비자금, 즉 준비자금은 중요한 부분으로서 대부분의 창업자가 창업 시 가장 기본적인 소요자금만을 계산하여 자금을 조달하고 있으며, 예비자금은 거의 반영하지 않는 실수를 범하기 쉽다. 예비자금은 여유자금이 아니라 사업계획 수립 시 예상하지 못한 부분을 충당하는데 더 큰 의의가 있으며, 창업 후 6개월~1년 동안 매출액이 발생하지 않는다는 것을 전제로 준비하는 것이 가장 안전하지만, 자금 조달이 여의치 않을 경우 3~6개월 이상의 소요자금은 감안해야 할 필요가 있다. 창업 기업의 예비자금 산출을 위해서는 창업 기업의 규모, 업종 및 아이템의 특성, 사업 준비상태 등에 따라 다르지만, 일반적으로 1회전 소요될 운전(운영)자금을 산출함으로써 파악할 수 있다.

제 11 장. 창업 자금 확보

소속 ....

성명 ....

❶ 창업자금을 확보하는 일은 창업자의 투철한 사명감, 사업 아이템과 함께 성공적인 창업에 매우 중요한 기본적인 요소이다. 창업자금은 크게 시설자금과 운전자금으로 구분될 수 있는데, 자신이 직접 마련하는 자기자금과 타인으로부터 빌려오는 타인자금으로도 구분된다. 단계별로 조달하는 절차를 서술하시오.

❷ 창업자금은 초기 출자한 금액을 기반으로 '죽음의 계곡'이라 불리는 초기 안정화 단계를 거치는데 '죽음의 계곡'을 지나기 위한 방법을 서술하고 자금조달의 어려움을 어떻게 극복할 수 있는지 서술하시오.

❸ 창업자금 조달 중, 클라우드 펀딩의 개념과 기능을 설명하고 3가지 유형에 대해서 기술하시오.

❹ 엔젤투자와 벤처캐피탈의 차이점을 서술하고 각각의 특징과 장단점에 대하여 서술하시오.

제12장
1인 창업 사례

제12장
1인 창업 사례

제1절 전자상거래 및 쇼핑몰

무자본 무재고 1인 창업시대를 열었다는 창업광고들이 눈에 많이 들어온다. 이 광고는 사실일까? 정확히 말하면 사실은 아니지만 무자본이 아닌 소자본 무재고 1인 창업은 가능하다. 예상한바와 같이 유통경로 또는 유통채널에서 중간상 및 소매상 역할을 수행하는 전자상거래는 소자본 무재고 1인 창업으로 가능하다. 우리나라가 수출 중심의 국가이고 수출을 중계해주던 무역이 발달해왔던 것처럼 과거의 무역상사의 역할을 전자상거래 플랫폼이 대신하는 것이고 우리 주변의 도매상, 소매상이 전자상거래의 판매자가 된 것이다. 전자상거래의 시장규모 또는 관련 시장현황 등 관련 정보는 창업자가 찾아보는 것이 좋을 것이다. 소위 시장현황과 배경을 떠들썩하게 얘기하는 서적이나 보고서는 창업자에게는 큰 의미가 없다. 매번 급속하게 바뀌는데 창업자가 어찌할 수 있는 시장 환경과 상황도 아니라는 것이다. 필자가 지난 수년에 걸쳐 다양한 전자상거래 강연과 창업 관련 세미나 및 컨퍼런스에 참여해본 결과 전자상거래가 1인 창업 중에서는 가장 빠르게 시작해볼 수 있다고 생각된다.

창업절차와 방식은 간단하다. 세무서에서 도소매 및 통신판매 개인사업자로 업종과 업태를 등록하고 구청에서 통신 판매업허가신고를 취득한 후 오픈 마켓인 쿠팡, 11번가, 네이버쇼핑 등에서 자신의 상품을 등록하여 판매하면 된다. 이때 제조사 또는 도매제품을 판매하는 곳의 이미지와 제품에 관한 설명 등의 다양한 정보(가격, 제품의 속성과 특징, 디자인 등)를 창업자 특성에 맞게 재구성하고 실제 고객으로부터 주문이 발생할 경우, 해당 제조사 또는 도매상으로부터 제품을 구매한 뒤 적정한 마진을 붙여 판매하면 된다. 이때 중요한 것은 미리 사전에 상품을 제조사 또는 도매상으로 구매할 필요는 없으며 실제 고객이 주문한 뒤 해당 제조사 또는 도매상으로 구매하여 고객에게 배송해주면 된다. 고객이 주문할 때마다 제조사 또는 도매상에게 구매하므로 재고가 발생하지 않는다. 만약 고객이 반품, 환불, 교환 등을 요구할 경우에도 동일한 방법과 절차를 통해 제조사 또는 도매상에게 전달하여 처리하면 된다.

다만 전자상거래를 중계하는 기업(흔히 전자상거래 플랫폼 기업이라 부름)이 상품을 수취한 고객이 결제한 대금을 받아 판매자에게 넘겨주는 과정(판매금액정산)을 너무 오랫동안 지연시키는 경우가 있다. 일반적으로 늦어도 1개월 내 판매금액을 정산해주길 기대하지만 2~3개월씩 지연시키는 경우도 있어 제때 판매금액이 미 입금되어 다시 자비 또는 은행대출을 받아야 하는 어려움을 겪게 된다. 즉 창업자인 판매자가 제조사 또는 도매상에게 상품을 구매해서 고객에게 이미 판매했고 고객 역시 판매확정을 했음에도 불구하고 전자상거래 중계업체가 금액정산을 지연시키는 경우이므로 판매금액의 정산 시기를 미리 확인해보는 것이 중요하다. 국내에서는 네이버가 가장 빨리 정산해주며(고객 구매확정 후 평균 10일 이내) 11번가가 1개월 이내 쿠팡, Gmarket, 티몬, 위메프 등이 판매대금 정산이 비교적 늦게 지급하기도 한다.

이처럼 전자상거래로 창업하는 경우는 창업자가 매우 간단하고 손쉽게 시작할 수 있으나 기존 유사 및 동종 제품만을 판매해서는 수많은 판매상들로부터의 차별화하기 힘들기 때문에 주로 '가격' 중심의 싸움이 벌어진다. 따라서 판매자는 차별적, 독점적 제품의 소싱 역량이 필요하며 주력으로 판매하는 제품과 부가적으로 판매하는 제품으로 구분하여 되도록 많은 전자상거래업체를 통해 판매해야 한다. 또한 전자상거래를 이용하는 고객 대부분이 높은 가격대의 제품을 구매하지 않고 2~3만 원 이하의 저가 제품을 구매하므로 예상 수익이 크지 않을 수도 있다. 하지만 고객의 니즈를 파악하여 적정한 가격에 제품 홍보를 지속적으로 하면 노력한 만큼의 수익은 얻을 수 있다.

여기서 창업자가 전자 상거래 업을 시작하면서 가장 골치 아프게 생각하는 부분이 있다. 수많은 제품을 어떻게 본인이 편집하고 각 전자상거래업체가 제시하는 규격에 맞게 제품사진을 촬영하고 상품설명을 특색 있도록 구성해서 판매하느냐는 것이다. 이러한 문제 때문에 제품 이미지를 편집해주는 디자이너를 고용하고 사진과 제품 설명을 바꾸어 전자상거래 업체의 규격에 맞게 올려주거나 혹시 발생할 수 있는 소프트웨어 결함을 수정할 수 있는 개발자를 고용한다. 단순하게 디자이너와 개발자만 고용하더라도 수백만 원 이상의 월급과 4대 보험료 등 지불되어 판매준비를 하더라도 고정비용이 발생한다.

이런 문제는 비교적 간단하게 해결될 수 있다. 해외의 경우 아마존에 제품을 등록하고 쉽게 제품 사진과 설명을 올릴 수 있는 Shopify라는 프로그램이 나와 있다. 국내에도 수십만 개의 제품을 자동적으로 해당 전자상거래의 규격에 맞게 변환하여 제품을 등록시켜주는 프로그램이 있다. 대략적으로 3가지 정도가 존재하는데 전자상거래 창업자들이 모여 있는 네트워킹에 참여하면 정보를 쉽게 취득할 수 있다. 월 구독료를 받고 해당 프로그램을 이용할 수 있으며 처음에 엑셀 등 규격에 맞게 제품사진과 설명을 등록하면 자동적으로 해당 전자상거래 업체 상품등록 메뉴에 뿌려진다. 이러한 프로그램 덕분에 디자이너와 소프트웨어 개발자를 고용하지 않고 독립적으로 전자상거래 사업을 시작할 수 있는 것이다

단지 몇 분 만에 수천 개의 상품이 특별한 변환작업 없이 각 전자상거래 상품 등록이 되기 때문에 판매자인 창업자는 아침에 한 번, 점심에 한 번, 저녁에 한 번 등 주문

내역을 확인하고 상품과 배송준비를 하면 된다. 판매자는 오직 상품 배송 후 고객 불만이 생기지 않도록 고객 불만처리에만 신경을 쓰면 된다. 대신 주의할 점은 고객 불만처리를 위한 수단으로 자신의 휴대폰 번호를 등록하면 정상적인 생활이 어려울 수 있다. 고객들이 왜 배송이 늦는가, 제품이 생각한 것과 다르다 등등 여러 가지 불만요인을 쏟아낼 수 있다. 따라서 고객 CS를 별도로 처리할 수 있는 휴대전화를 따로 마련해서 사업용으로 활용하는 것이 일반적이다.

한편 전자상거래를 활용한 온라인 쇼핑몰 창업에 관한 내용을 살펴보면 창업자가 직접 온라인 상거래를 위한 쇼핑몰 사이트를 제작하고, 제품을 외부로부터 입점하여 고객에게 판매하는 것으로 소개하고 있다. 하지만 이러한 경우에는 제품이 판매되지 않는다면 제조사에 반품 또는 교환하기 어렵고 환불도 쉽지 않아 재고로 인한 큰 부담을 가질 수밖에 없다. 결국에는 고객을 모집하여 자신의 쇼핑몰로 끌어들이기 위해 많은 광고비용을 집행하게 되고 설령 고객이 모인다 해도 제품을 산다는 보장이 없다.

따라서 창업자가 전자상거래를 창업 아이템으로 생각한다면 가능한 오픈 마켓(쿠팡, Gmarket, 인터파크, 11번가 등)을 통해 전자상거래 판매 경험을 충분히 쌓은 후에 자신의 쇼핑몰을 제작하고 운영하는 것이 바람직하다. 오픈 마켓에서 고객의 구매특성과 패턴, 고객의 불만사항도 직접 경험해보고 해결하는 과정에서 창업자 자신의 역량을 쌓을 수 있으며 자신만의 특정한 제품군을 발견한 뒤 오픈 마켓의 단골 구매고객이 충분히 누적되면 자신의 쇼핑몰 고객으로 전환시키는 것이 실패 없는 창업으로 이어질 수 있다.

또한 고객의 구매유도를 위해 광고비를 집행할 경우가 발생하는데 이 경우에는 광고비를 사용한 수준 정도까지는 고객이 모이고 판매가 이루어진다는 것이 정설이지만 광고비 집행이후의 후광효과(Halo Effect)를 기대하여 그 이상의 매출과 수익을 올리기는 어렵다. 따라서 쿠팡, 11번가, G마켓, 티몬, 위메프 등 오픈 마켓, SNS마켓에서 충분한 제품 판매경험을 쌓는 것이 중요하며 전자상거래에서도 본인과 적합한 제품 들이 생기므로 이러한 제품군을 발견하는 것이 우선이다. 더욱 좋은 품질의 상품, 가 격 경쟁력을 바탕으로 제조사나 도매상으로부터 관계 관리를 강화하는 동시에 고객 들이 선호할만한 아이템과 정보를 제공하려는 노력을 지속해야 한다.

제2절 1인 출판사

과거 출판사는 오랜 경험과 노하우를 지닌 창업과정으로 인식되었으나 출판을 둘러싼 기술 환경의 발달과 전자책 등의 활용 비중이 높아감에 따라 이제 누구도 쉽게 창업시도를 할 수 있는 아이템으로 자리매김을 하고 있다. 기존 500부에서 1천 부 이상을 인쇄, 제본해야 하던 환경에서 1부에서 10부 정도라도 품질측면의 차이가 거의 없어 작은 출판사들이 도전할 수 있는 환경이 만들어지고 있다. 특히 1인 출판은 정부가 추진하는 창업 아이템으로서 인쇄기를 갖추고 초기에 자본을 투여하는 창업방식에서 자비출판, 반 기획출판 등 새로운 방식의 출판 기획이 정착되어 이제 1인 플랫폼 사업으로서 가능성을 보여주는 분야이다.

물론 저자의 필력과 함께 시대 상황에 맞는 컨텐츠가 성공의 필수요인이겠지만 교보문고나 예스24, 알라딘 같은 온오프라인 대형서점들이 도서 주문 후 출판사에서 바로 제작하여 입고할 수 있는 시스템이 정착하게 된 것도 출판업계에서는 큰 변화라고 할 수 있다. 대량의 재고를 서점에 위탁판매 하거나 또는 보관하지 않는 POD(주문형 제작출판)로 곧바로 제작하여 공급할 수 있는 방식이 활성화됨에 따라 많은 부분이 자동화 환경으로 바뀌고 있다. 특히 한글이나 워드프로세스로 작성한 원고 파일을 인디자인(편집 프로그램)으로 변환하여 간편하게 전자책으로 편집할 수 있는 다양하고 편리한 프로그램, 시스템들이 갖추어졌고 스마트폰과 태블릿PC의 보급률에 따라 전자책과 오디오 책읽기 플랫폼들이 등장하면서 저변이 확대되고 있다. 특히 공유경제가 점점 생활의 일부로 침투하여 월 구독료 중심의 일부 무료 또는 저가로 양질의 컨텐츠가 공급되면서 언제어디서나 책을 즐길 수 있는 환경변화도 1인 출판의 성공가능성을 높여주고 있다.

전자책은 국내에서 유페이퍼(Upaper : http://www.upaper.net/), 텍스토어(Textore : http://

www.textore.com/), 북씨(Bucci : http://www.bucci.co.kr/), 올레이북(Olleh eBOOK : http://ebook.olleh.com/) 등이 활동하고 있으며 50%의 판매마진을 담보하고 있다. 과거 10% 인세 규칙도 깨어지고 있으며 저자의 10년간 장기계약 구조에서 최대 2년 계약으로 컨텐츠 회전율이 빨라지고 있다. 한마디로 지식과 경험의 컨텐츠 가공공장 또는 제조 공장이 되어가고 있는 것이다. 해외에서는 전자책 유튜브라고 불리는 캐나다 왓패드(Watpad:http://www.wattpad.com/)는 2006년 설립 이후 60만 종의 셀프 출판 전자책을 제공하며 매월 6만 종을 출판하고 있다고 한다. 이처럼 빠르게 변화하는 출판환경에서 1인 창업아이템으로서 출판사를 열어 책을 상품으로 출판하여 유통시키기 위해서는 기본적으로 다음과 같은 창업절차와 과정을 거친다.

우선 1인 창업아이템으로 출판업을 시작하기 위해서는 출판사 이름을 정하고 사업자등록을 통해 본격적인 출판 준비를 시작한다. 그리고 개인사업자이자 출판사로서 국립중앙도서관에서 ISBN 번호를 부여 받는다. 출판사의 사명은 그렇게 중요하지는 않지만 가능한 한 독자와 커뮤니케이션이 원활한 사명으로 만드는 것이 좋다. 이 부분은 브랜드 네이밍에 관련한 참고 자료나 서적을 읽어보길 권한다. 출판사명은 동일한 명칭을 사용할 수 없기 때문에 문화체육관광부 홈페이지 검색하여 사용하려는 출판사 이름을 다른 출판사가 사용하고 있는지 확인해야 한다. 따라서 문화체육관광부 출판사 상호검색 페이지의 출판사와 인쇄사 검색 페이지에서 먼저 확인 한다. 구체적으로는 ① 지역을 선택하고 ② 출판사와 인쇄소를 선택하며 ③ 출판사 이름을 입력한 후 검색 단추를 클릭하면 결과가 나타난다.

검색 결과 시 사용하거나 등록가능하다고 나오면 그 다음에는 대법원 등기소 홈페이지에서 상호 등록 가능 여부를 조회한다. 인터넷 등기소 페이지(http://www.iros.go.kr/)에서 법인 상호 검색을 클릭하여 찾아본다. 이후 상표권 등록이 가능한지를 검색하는데, 출판사 이름이 상표권으로 등록되어 있는지 확인할 필요가 있다. 출판사

이름 또는 상호는 상표와 다르지만 상표의 효력 범위는 전국이기 때문에 자칫 민사소송을 당할 가능성이 있다는 점을 주의해야할 필요가 있다. 만약 출판사 이름이 아직 상표로 등록되어 있지 않다면 상품 등록을 해두는 것도 좋은 방법이 될 수 있다. 상표권 등록은 특허청 상품권 검색을 활용하는데 다음페이지(http://dets.kipris.or.kr/ndets/loin1000a.do?method=loginTM&searchType=A)에서 확인할 수 있다.

이러한 작업들이 끝나면 창업자가 등록하고자 하는 출판사 등록을 각 시, 군, 구청의 문화관광과(지방자치단체에 따라서 명칭이 약간씩 다름)를 방문하여 ① 신고신청서 ② 사업장 매매계약서 혹은 사업장 임대차계약서 사본 ③ 법인등기부등본 등을 작성하여 제출한다. 신고 신청서는 담당 공무원에게 요청하여 받는 간단한 양식으로 출판사 이름과 주소 그리고 대표자 이름과 정보 등으로 구성되어 있다. 만약 출판사를 위한 건물을 소유하고 있거나 임대를 받았다면 사업장 매매계약서 혹은 사업장 임대차계약서 사본을 제출하고 만약 법인이라면 법인등기부등본을 함께 제출한다. 대부분의 1인 출판사로 처음 시작하는 창업자인 경우, 자신의 주거지인 가정에서 출판 창업을 시작하는 경우가 많다. 이때는 거주하는 곳의 임대차계약서 사본과 주민등록증을 제출하면 되고 접수하는 과정에서 기관이 지방세 체납 등의 문제를 삼는 경우가 있어 이에 대한 사전 확인이 필요하다. 관할 등록기관인 시청, 문화체육관광부에 가서 지방세 체납 분을 납부하면 보통 2~3일 후에 전화나 문자 메시지로 처리 결과가 전달된다. 1인 출판사는 1인 창조기업으로 정부에서 창업을 적극 지원하는 사례이므로 설립 절차가 매우 간소한 편이다.

이러한 절차가 마무리 되면 출판사가 소재하는 관할 세무서에 사업자등록신청을 한다. 사업자등록 신청 시 필요한 서류는 ① 사업자등록신청서 2부 ② 출판사 신고필증 사본 1부 ③ 주민등록등본 2부 ④ 사업장 매매계약서 또는 임대차계약서 2부로 신청할 수 있다. 물론 자신 소유의 집 또는 부모님 소유의 집에서 출판사를 운영할 경우에는 임대차계약서가 필요 없다. 주민등록등본도 필수로 제출하지 않는데, 처리기간은 일반적으로 7일 정도 걸립니다. 출판사의 경우는 매출액에 상관없이 과세특례로 부가가치세가 면세되는 면세 사업자등록증이 교부된다. 이는 매년 1월 1일 ~ 12월 31일까지 전년도 소득에 대하여 1년에 한 번 1월에 소득금액을 신고하고, 5월에 확정된 종합소득세를 납부하면 된다. 국세청 홈페이지인 홈텍스를 통해 간단히 납부해도 된다. 만약 사업자등록 의무를 이행하지 않을 경우에는 부가가치세법상 미등록 가산세가 부과되며, 기타 세액공제 등 혜택을 받을 수 없음을 유념해야 한다.

마지막으로 국립중앙도서관에서 ISBN 발급받아야 한다. 현재 온오프라인 서점은 출판사 책들을 주로 판매하는데, 국가서지로 정식 인정받기 위해 납본(legal deposit)과 국제표준도서번호(ISBN)가 필요하다. 책을 출간하기 위해서는 국립중앙도서관에서 발행하는 도서 관련 번호(세계적으로 통일된 도서번호)를 받아야 하는데, 발행자/출판사는 도서를 출판할 때 ISBN을 부여하기 위하여 국립중앙도서관 한국문헌번호센터에서 ISBN 발행자번호를 배정받는다. 다음 주소를 통해 온라인 신청도 가능하다. 이때 출간되는 서적의 겉표지 등이 필요하며 겉표지가 없는 경우 발급되지 않으므로 발간되는 도서의 디자인과 저자 등 출판사에 관한 전반적인 내용이 필요하다. 참고로 국립중앙도서관 한국문헌번호센터(http://www.nl.go.kr/isbn)를 미리 살펴보기 바란다. 신규 신청의 경우, 일반적으로 6자리 발행자 번호를 받게 되는데 이는 자료 10종을 발행할 수 있는 번호이다. 추가로 발행자번호를 배정받기 위해서는 기존에 사용한 ISBN을 모두 통보하여야 신청이 가능하다. ISBN을 발급받기 위해 ① 국제표준도서번호(발행자번호) 부여 신청서 ② 연간 출판(예정) 목록 ③ 출판사 신고필증(출판사등록증) 사본 1부를 이메일 또는 팩스로 전송한다. 정부기관 및 비영리 법인이 비매품으로 도서를 발간할 경우, 출판사 신고필증 대신 고유 번호증을 제출하게 된다. 수수료는 없지만 ISBN 발행자번호 처리기간은 서류 접수 후 최대한 5일 정도가 소요된다.

제3절 외식 창업

창업과 관련하여 창업 아이템으로 한번쯤은 고려하는 분야가 바로 외식업이다. 외식업이 창업자들에게 인기 있는 분야가 된 것은 자기자본으로 비교적 다른 창업에 비해 쉽게 시작할 수 있다고 생각하기 때문일 것이다. 하지만 외식 창업은 창업자들이 생각하는 것만큼 비전문적인 지식과 경험으로 손쉽게 접근할 수 있는 아이템이 아니다. 그렇다면 비교적 손쉬운 창업이라는 인식이 왜 창업자들 사이에서 퍼져 있을까? 이는 외식업의 특성이 가족 중심 구성원들이 참여한다는 점, 그리고 특별한 지식과 경험, 기술이 없이도 일정기간동안 인지도를 쌓는다면 일한 만큼의 대가가 지불되는 사례를 비교적 쉽게 발견한다는 점, 조직관리 및 의사결정 등 복잡한 경영과정이 아닌 메뉴 선정 또는 브랜드 프랜차이즈 구조를 따라하면 초기 진입이 다른 아이템에 비해 상대적으로 낮다는 점 등 여러 가지 이유가 존재할 것이다. 하지만 외식업은 산업 내 과당경쟁으로 인해 초기 폐업율이 타 산업에 높은 분야이기 때문에 창업 전 철저한 준비과정을 통해 사업을 조기에 안착시킬 수 있는 각별한 노력이 필요한 아이템이다.

최근 정부 관계부처 또는 창업 투자자들 사이에 외식업의 성공으로 생각하는 조건은 외식업이 프랜차이즈 본사설립이라는 사업목표에 맞게 다양한 메뉴개발에 노력하는 도전정신과 외식 브랜드 구성을 위한 별도의 연구와 개발 등의 차별화된 프로그램 운영이 가능한지, 지역을 비롯한 제출 식재료의 활용 비율이 높고 향후에 협동조합 또는 창업 인큐베이팅으로서의 성장발전이 가능한지, 정확한 매장의 상권분석을 통해 세분화 매뉴얼이 작성되고 철저한 매장운영관리가 존재하는지, 꾸준한 메뉴개발과 함께 창업자들이 초기 안정적인 운영을 통한 가시적인 성과를 보여줄 수 있는지 등이 고려대상이다. 이와 같은 전문가들의 평가측면을 고려하여 성공적인 외식창업이 되기 위하여 사전에 점검해야 하는 것은 다음과 같다.

   (a) 메뉴원가가 판매가의 35%, 인건비는 25% 수준으로 품질 좋은 상품 제공이 가능한지

   (b) 연 간 4계절 동안 상품을 제공할 때 제철식재료 공급이 가능한지

   (c) 주변 상권 분석 시 유사 또는 대체 메뉴상품을 지닌 사업체의 존재와 메뉴 존재 유무

   (d) 메뉴상품이 Peak Time 때에 5~7분 안에 동일한 품질로 제공 가능한 운영 아이템인지

   (e) 연 간 4회 정도의 신상품을 개발하여 주력상품으로 제공 가능한 메뉴 분야인지

   (f) 초기에 비교적 적은 자본금을 투자, 숙련도가 낮아도 운영이 가능한 메뉴인지

   (g) 비교적 손쉬운 운영으로 부가가치를 만들어 낼 수 있는 운영 아이템인지

   (h) 임대료 등 고정비용이 높지 않아 초기 6개월~1년간 생존 가능이 높은 지역인지

아마도 더 많은 고려사항이 있을 수 있다. 외식업이 창업아이템으로서 가장 어렵게 느껴지는 부분은 고객이 선호할 수 있는 메뉴상품 등의 개발과 브랜드인지도의 확보 등도 있겠지만 초기 진입에 있어서 고정비용과 운영비용, 인테리어 등 과다한 초기투자에 따른 비용 중심적 구조라는 부분일 것이다. 오프라인 매장이 필수인 외식업은 크게 홀과 주방으로 구분되며 일반적으로 홀이 70%, 주방이 30% 정도를 차지한다고 볼 수 있는데 가능한 한 많은 홀 공간과 좌석을 배치함으로써 매출이 늘어나기 때문에 무리하게 주방 공간을 협소하게 만든다. 이러한 경우 많은 고객이 한꺼번에 몰릴 경우 주방인원이 업무를 수행하기에 충분한 공간을 제공할 수 없다. 환기, 배기, 전기, 수도, 소방 등 시설적인 제약과 환경도 신중하게 접근해야 하며 외식업의 특성상 점

심과 저녁을 중심으로 운영되므로 상권 및 지역 특성에 따른 운영방식을 차별화해야 한다는 것도 고려해야 하는 사항이다. 만약 주변 상권이 사무원이 많은 오피스 지역이라면 오피스에서 제공되는 단체급식과 경쟁해야 하고 교통 지역인 역과 터미널 주변이라면 임대료와 유동인구에 신경을 써야 하는 동시에 고정 고객층의 방문보다는 일시적인 방문고객의 비율이 높아 주변상권과 고객특성에 따른 제공메뉴가 달라져야 하는 점도 반드시 점검해야 할 사항이다.

또한 제공메뉴의 소비자 판매가 대비 제공메뉴의 원가비율은 35%, 인건비의 비율은 25%가 되어야 한다는 것은 외식창업의 기본적인 고려사항이다. 이 부분을 맞추지 못하면 창업자가 원하는 판매수익이 나오기 어렵다. 최근 최저임금 인상으로 인해 인건비의 비율이 30%이상으로 높아가고 있고 앞으로도 계속 높아질 것이 예상되므로 많은 자영업자인 외식업체가 더욱 급격한 폐업율의 증가를 보이고 있다. 이에 대한 대응으로 판매가를 높이는 것은 고객 유치에 어려움을 주기 때문에 창업의사결정에 있어 쉽지 않을 수 있다. 특히 각종 전염병, 급격한 기후변화에 따른 식재료 수급가격, 부동산의 급격한 가격변동, 경제성장률의 둔화 등으로 인해 고객의 가처분 소득에 상당부분 의존하는 외식업의 경우 앞으로도 많은 연구와 노력이 필요한 창업분야라고 할 것이다.

그렇다면, 외식업 창업은 창업 아이템으로서 적합하지 않은 것일까? 결론적으로는 어려움에도 불구하고 한번 시도할 수 있는 아이템이라고 할 수 있다. 기본적으로 정보통신업의 경우에도 사람이 말과 대화 없이 살 수 없는 것이고 외식 역시 사람이 항상 집 밥만 먹는 것이 아니기에 외식아이템이 혁신적일수록 충분한 성공 가능성이 존재한다. 또한 현재도 외식업을 통해 성공하는 사례가 지속적으로 발굴되고 있기에, 그들의 성공사례를 주의 깊게 파악하는 것이 우선적인 작업이라고 할 수 있다. 외식업은 패션과 같이 선호도가 바뀌며 비교적 트렌드를 쫓아가는 아이템이다. 이에 외식업 창업을 위해서는 다음과 같은 고려사항을 기억하고 하나씩 단계별로 접근해보자.

(a) 혁신적인 단일 메뉴 범주(단품이 아님)를 발굴하고 운영 노하우를 쌓아라.

(b) 원가 35%, 인건비 25%를 유지하되, 창업 상황에 맞는 지속적 비용을 절감하라.

(c) 단순 오프라인 메뉴 제공이 아닌, 메뉴 제공방식에 따른 혁신 구조를 개발하고 적용하라.

(d) 아이템과 운영방식을 고려한 브랜드 아이콘 메뉴를 개발하라.

(e) 운영 매뉴얼을 완비하고 교육훈련을 통해 맛, 안전과 위생 등 서비스품질을 높여라.

(f) 창업 시작부터 3년, 5년 단위의 단기, 중장기 목표와 계획을 수립하고 관리하라.

성공적인 외식창업에는 6가지 외에 더욱 많은 절차와 고려사항이 존재하겠으나, 간략하게 소개하면 다음과 같다.

(a) 혁신적인 단일 메뉴 상품(단품이 아님)을 발굴하고 운영 노하우를 쌓아라.

외식을 창업하는 창업자의 가장 큰 실수는 창업자 자신의 메뉴상품에 대한 깊은 지식과 경험이 부족하다는 점이다. 성공한 외식창업자의 얘기를 들어보면 '집에서 늘 먹던', '할머니가 예전에 해주었던 음식이 생각나서'라는 얘기가 많이 나온다. 하지만 이것은 전국 수석을 한 학생이 '집에서, 교과서에만 충실 했어요' 라는 선한 거짓말과 유사한 레퍼토리다. 외식 창업자는 우선 메뉴라는 것이 일종의 상품이며 창업자는 상품을 연구하고 개발하여 생산과 제조, 마케팅과 영업까지를 총괄적으로 수행하고 관리해야 한다는 것을 명심해야 한다. 그럼에도 불구하고 훌륭한 주방인력을 초빙하면 해결된다는 것은 외식업 창업의 실패를 초래할 수 있다. 창업자는 조리에 관한 기술도 습득하고 노하우도 알아야 하며 메뉴상품 제조와 생산에 필요한 내용을 모두 알고 있어야 한다. 이를 바탕으로 단일 메뉴 상품을 발굴하여 운영노하우를 터득해야 한다. 어디에서 가져다가 쓰는 메뉴상품은 오래가지 못한다. 만약 스테이크와 같은 메뉴상품을 만든다면 거의 전국의 스테이크 업체는 다 가보고 맛을 평가하며 일일이 경험과 일지를 기록하여 그중 최고의 맛을 찾아내는 노력과 정성이 중요하다. 필자 역시 외식업에 종사하면서 해외 레스토랑을 하루에 20여 곳 이상 방문하여 스테이크의 맛과 품질을 테스트한 적이 있다. 이는 거의 기본적인 사항이며 본인이 직접 조리하면 더욱 좋지만 그렇지 않을 경우에도 내용은 모두 다 파악하고 있어야 한다. 그만큼의 철저한 사전준비가 요구된다. 단품을 메뉴로 제공하는 경우도 있지만 다양한 상품을 원하고 선택하는 것은 고객의 권리이자 특권이다. 단품을 제조, 생산하기보다는 창업 여건에 맞도록 3가지 이내의 제품을 제공하여 선택의 다양성을 확보해주는 것이 좋다. 하지만 지나치게 많은 메뉴는 제대로 맛과 품질을 담보할 수 없고 서로 다른 메뉴상품은 식자재의 활용성이 떨어져 원가상승을 야기하므로 적절한 단일 메뉴 범주를 선택하고 이것을 주력화 할 수 있는 메뉴상품개발에 몰입하는 것이 바람직하다.

(b) 원가 35%, 인건비 25%를 유지하되, 창업 상황에 맞는 지속적 비용 비율을 절감하라.

외식업 창업자는 최저임금상승의 압박, 주 52시간 근무제 등으로 심리적, 재무적 압박을 받을 수 있다. 그럼에도 불구하고 원가 35%, 인건비 25%를 유지하려고 애를 써야 한다. 원가 35%는 다양한 식재료 소싱처를 알아내어 선매를 통한 원가하락에 힘써야 한다. 인건비 25%는 현재 상황에서는 쉽지 않다. 그렇다면 한사람의 주방 또는 홀 직원이 다양한 업무를 함께 할 수 있도록 묘안을 짜내야 한다. 주문도 모두 자동화시키고 메뉴를 주문했을 때 가져다주는 서비스로만 대체하는 등의 노력이 필요하다. 배달 서비스의 활성화로 인해 인근 지역을 자신의 단골 매장고객으로 만들어야 한다. 가령 고려대학교 앞에 중국집을 운영하는 사장님이 자신의 중국요리를 주문하는 사람이 누구인지를 고민하여 주문하는 사람에게 각종 혜택을 주는 CRM으로 소위 대박이 난적이 있었다. 주변 사무실 등에 중국요리를 회식메뉴로 선택하는 것은 사장이지만 주문하는 당사자는 총무/경영지원 여직원이 될 가능성이 높다. 누가 주문에 관한 의사결정권을 가지고 있을까? 당연히 총무/경영지원 여직원이다. 이를 활용하여 이 여직원에게 각종 혜택을 통한 단골 고객으로 만드는 노력을 지속적으로 한 성공사례가 국내 굴지의 대기업에도 전파된 사례가 있었다.

ⓒ 단순 오프라인 메뉴 제공이 아닌, 메뉴 제공방식에 따른 혁신 구조를 개발하고 적용하라.

외식 창업자는 단순하게 오프라인 매장에서 개발된 메뉴를 제공하는 것 이외에 메뉴 제공방식에 대한 다양한 아이디어를 고민할 필요가 있다. 식사를 마친 후의 지불 결제방식을 비롯하여 주문방식, 메뉴를 제공하는 서비스 방식 등을 고민해야 한다. 중국 훠궈의 하이디라오는 훠궈 식사 중간에 면제품을 주문했을 때 다양한 쑈를 선보이는 경우도 있고, 대형 음식점인 경우 직원들이 롤러로 음식을 배달하는 광경도 흔히 목격된다. 외식은 즐거움도 함께 제공해야 하며 위생과 안전은 기본인 동시에 가족단위 손님인지, 친구들끼리의 손님인지 방문고객의 특성을 고려한 서비스 제공방식의 차별화도 중요한 성공요인이 될 수 있다. 다만 이러한 혁신구조가 실험적이지 않고 해당 매장의 특색이고 차별화된 분위기를 조성할 수 있어야 한다.

(d) 아이템과 운영방식을 고려한 브랜드 아이콘 메뉴를 개발하라.

실제로 외식매장의 매출을 분석해보면 브랜드 아이콘 메뉴가 존재한다. 즉 80% 이상의 매출을 담보하는 주력메뉴가 있다는 것이다. 다른 메뉴들은 인기가 없고 오직 몇 가지 메뉴에 한정하여 메뉴가 주문되고 있는 현상을 발견하게 될 것이다. 브랜드 치킨이라고 할 수 있는 프랜차이즈에도 대부분은 소스과 제조방식의 변경이지 주된 부분은 후라이드 방식에 다른 소스와 양념의 혼합인 경우가 많다. 이처럼 메뉴의 다양성을 가져가지 말고 주력 메뉴 범주를 가지고 간단한 운영으로 다양성을 보여줄 수 있도록 기획하여 재고부담과 함께 주방에서의 운영 편의성을 보장해야 한다.

(e) 운영 매뉴얼을 완비하고 교육훈련을 통해 맛, 안전과 위생 등 서비스품질을 높여라.

외식은 역발상으로 살펴보면 교육훈련 업종일 수 있다. 그만큼 종업원 또는 구성원의 교육훈련이 너무 중요하다. 특히 대면 서비스를 중심으로 전개되는 서비스업이므로 철저한 운영 매뉴얼을 통한 지속적인 교육은 너무도 중요하다. 즉 CS 교육아카데미를 만들어 종업원들이 새로운 창업 강사가 될 정도의 교육훈련이 몸에 익숙해야 한다. 맛은 물론이거니와 안전과 위생 등에 관한 철저한 관리가 선행되어야 한다.

(f) 창업 시작부터 3년, 5년 단위의 단기, 중장기 목표와 계획을 수립하고 관리하라.

최근 외식업 창업을 생각하는 사람들은 향후에 성공적으로 정착한 후에 지점 또는 분점을 만들고 프랜차이즈로 재탄생하길 원한다. 프랜차이즈 가맹본사가 되기 위해서는 적어도 3년 이상의 현장경험이 필수적이며 차별화된 운영방식을 보유하고 있어야 한다. 직접 현장에서 겪은 다양한 에피소드와 고객 CS사례를 정리하여 프랜차이즈 운영 매뉴얼에 담아내는 노력을 기울여야 하며 고객 데이터베이스를 통한 맞춤형 고객관리의 체계를 갖추어야 한다. 외식업은 서비스업이라고 단순하게 정의하기보다는 시스템 업이며 고객 관리업인 동시에 교육 훈련 업이라는 생각을 가져야 한다. 따라서 3년까지의 현장 노하우 및 5년 이상의 중장기 목표를 설정하고 시스템을 완성하는 단계와 절차를 기획하고 실행할 필요가 있다.

제4절 1인 YouTuber

최근 구글의 동영상 서비스 유튜브의 인기가 날로 뜨거워지고 있다. 청년세대 이하는 대부분의 정보검색을 유튜브를 통해서 한다. 더 이상은 가족들이 모여 함께 TV를 보는 장면은 가정에서 사라질 것이며 오히려 TV를 통해 유튜브를 즐기는 가정이 더욱 늘어나는 추세다. 이러한 트렌드의 중심에는 단순 '소통'이 아닌 '공감'이라는 키워드에서 비롯되었다고 할 수 있다. 이에 소위 '끼'많고 창의적인 아이디어를 가진 사람들이 유튜버로 등장하여 자신만의 일상생활에서 겪는 다양한 에피소드로 일반 대중들과 공감의 폭을 넓혀가고 있다. 나와 비슷한 유형, 나와 동일한 경험에 대하여 열광하는 것이다. 이를 통해 단순 소통이 아닌 공감을 표시하는 행위가 미디어 컨텐츠라는 형태로 제작되어 배포되는 것이다. 미디어 컨텐츠 창작자라는 명칭이 어울릴 정도의 미디어 컨텐츠 업계에서는 인기 있는 유튜버의 활약이 두드러지고 이들의 방송은 조회 수가 수십만에서 수백만을 넘어가고 있다. 일반 공중파가 제작하는 프로그램이 수백만 명의 시청을 기록한다는 것은 결코 쉽지 않은 일이며 다양한 조사 방법을 통해 수백만 명의 시청자가 있을 경우, 해당 프로그램의 광고 단가는 한회 당 수억 원의 매체 사용료를 지불할 정도다. 특히 스마트폰, 태블릿PC 등 이동 가능한 '이동성'기기의 보급이 완벽하게 이루어지고 동시에 대용량의 데이터가 몇 초, 몇 분이 안 되어 정보를 전달하는 체계가 완성됨으로써 가능하게 된 일일 것이다.

이처럼 공중파 TV 등을 통해 제공되었던 미디어 컨텐츠가 디지털, 모바일, 정보화, 개인화 등 다양한 시대적 환경변화에 따라 가족단위, 공공단위에서 개인단위의 미디어 컨텐츠 시장으로 활성화되었고 IT 정보화에 민감하고 빠르게 응용할 수 있는 젊은 세대들은 미디어 컨텐츠의 저작과 표현을 수용하는 데 그리 많은 시간이 걸리지 않게 되었다. 이러한 기술적, 물리적 환경 변화에 따라 각 계층별로 동영상 서비스인 유튜브를 활용하는 유튜버들이 지속적으로 생겨나고 있다.

국내 연예인의 경우 '블랙핑크'의 구독자가 3100만 명에 이르고 일반인 유튜버인 '보람튜브'의 경우, 1800만 명의 구독자를 갖고 있다. 이들 유튜브 채널과 유튜브에 상품 광고를 싣겠다는 대행사들이 생겨나고 수 억 원의 광고료 매출을 발생시키고 있다. 결국 이들에게 투자하는 기업들은 자신들의 상품과 서비스를 알리고 자사의 브랜드를 고객의 머릿속에 각인시키는 데 돈을 아끼지 않는다. 결국 브랜드만이 살아남게 되는 시장으로 빠르게 이동하는 것이다.

헤아릴 수 없이 많은 제품과 서비스가 시장에서 활동하고 있는데 특정한 제품과 서비스를 찾기 위해서는 무엇보다 브랜드가 가장 중요한 수단이며 품질과 속성을 대표하기 때문에 다양한 컨텐츠를 통해 브랜드 인지도와 충성도를 올릴 수밖에 없다. 이에 창업자 역시 1인 유튜버라는 개인 미디어 크리에이터 또는 미디어 창작자로 활동함으로써 과거 브랜드를 알리기 위한 매체 운영자, 관리자를 대체하고 있으며 간단한 개인사업자 등록을 통해 창작활동을 전개할 수 있다.

유튜버, 즉 1인 미디어 창작자가 되기 위해서는 카메라와 마이크, 조명기구 등 방송에 필요한 장비와 시설비용은 거의 들어가지 않으며 장소 또한 크게 구애받지 않는다. 미디어 또는 컨텐츠 창작에 재능 또는 지식이 보유하고 있다면 장소와 시간에 상관없이 방송 컨텐츠를 만들어 유튜브 채널에 업로드하면 된다. 유튜버로 활동하는 데 제약은 없으며 방송윤리 및 심의위원회 규정을 읽어보고 선정적이거나 이적표현이 포함되지 않아야 하며 사회통념상 불법으로 간주된 것 이외의 컨텐츠를 제작할 수 있다 구독자가 늘어나서 5천 명이 되었을 때 광고를 본격적으로 할 수 있는 권한이 구글로부터 주어지며 광고료 수입이 생기기 시작한다. 구독자가 1만 명 정도일 때 수익은 30일 기준 약 15만 원 수준이며, 10만 명일 경우 200만 원 정도의 수익이 발생한다는 것으로 알려져 있다.

유튜버가 되기 위해서는 자신이 창작하고자 하는 분야에 해박한 지식과 경험이 필수적이다. 또한 최근 성공한 유튜버는 현장 중심의 활동이 필수라서 직접 현장을 방문하고 기록하는 다큐멘터리 제작자로서의 역할도 수행하고 있다. 수익모델은 광고모델이 중심이지만 이를 활용하여 본인의 브랜드 제품과 서비스를 직접 판매하기도 한다. 특히 유튜버로 많은 구독자를 모아 페이스 북이나 인스타그램, 트위트, 라인, 밴드 등 SNS에서 직접 상품을 판매한다. 우리가 흔히 알고 있는 중국의 '왕홍'이 이러한 개념에서 탄생한 1인 브랜드 판매자이다.

참고문헌

참고문헌

국내 문헌

논문 및 보고서

강요셉·최동혁. (2013). 창조경제시대 한국 창업생태계 현황과 과제: 국가 간 창업 지표 비교를 중심으로. KOREA INSTITUTE OF SCIENCE & TECHNOLOGY EVALUATION AND PLANNING. 20.

강유리. (2013). 미국의 창업정책 현황 및 시사점: Startup America를 중심으로. KDI.

교육인적자원부. (2006). 산학협력기술지주회사의 성공적 정착을 위한 모델 연구. 연구용역 보고서.

권영순. (2002). 실업계 고등학교에서의 창업교육 체계화 방안에 관한 연구. 홍익대학교 미출판 석사학위논문.

권윤구. (2015). 라인보다 비싼 스냅챗?. 동부증권.

김명숙 외. (2013). 시니어 창업교육프로그램의 효과성 및 창업의지 영향요인에 대한 연구. 디지털정책연구. 11(3).

김용웅·차미숙. (1994). 지역경제 활성화를 위한 제조업 창업행태 연구. 국토개발연구원.

김재식. (1997). 상업교육의 변화추세에 관한 연구. 경영교육논총. 13.

김정곤·이민영(2014). 창업지원을 위한 대학의 역할: 핀란드 사례. 지역경제포커스. 8(54).

김종찬. (2008). 대학 창업교육 활성화방안 연구. 경북전문대학 논문집. 27.

김진수 외. (2010). 창업지원체계 선진화 방안. 중소기업청.

민경호·정성진. (2011). 벤처기업경영론: 벤처기업의 창업과 경영. 무역경영사.

박상용. (2010). 이스라엘 출장보고서. 한국벤처캐피탈협회.

박재성 외. (2013). 미국 대학의 창업 성공 요인과 시사점. KOSBI.

박춘엽. (1997). 창업의 요소와 과정. ie 매거진. 4(2).

백형기. (1999). 벤처기업 창업과 경영전략. 미래와 경영.

서정민. (1999). 창업과 경영을 위한 사업계획서. 한국세정신문사.

손동원. (2006). 한국벤처생태계의 성숙과 진화. 과학기술정책연구원.

손수정. (2013). 기술창업 활성화를 위한 분야별 해외 주요 프로그램 고찰. STEPI.

손수정 외. (2012). 대학 R&D 기반 기술창업 활성화 방안 및 정책 개선방향. STEPI.

송무호. (2004). 벤처기업의 창업절차 및 단계별 애로사항에 대한 연구. 창업정보학회지. 7(4).

송준일. (2009). 중소기업에 대한 정부의 창업지원제도 현황과 개선방안에 관한 연구. 한양대학교 산업경영디자인대학원 석사학위논문.

신금순. (2002). 소자본창업의 성공요인에 관한 연구. 중앙대학교 국제경영대학원 석사학위논문.

양현봉·박종복. (2011). 대학 창업 생태계 조성 및 활성화 방안. 산업연구원.

유재필 외. (2013). 창업국가·이스라엘의 창업환경 분석. KISA.

이신모. (2002). 창업학. 다성출판사.

이신모. (2005). 한.미.일 대학생들의 창업의식비교. 국제지역연구. 9(3).

이신모. (2006). 우리나라 대학의 창업교육의 실태와 과제. 1(1).

이요행 외. (2012). 대학생 창업활동 및 창업지원제도 현황 분석. 고용노동부.

이윤보 외. (2007). 일본의 중소기업 혁신 관련법에 관한 연구보고서. 중소기업청 연구용역보고서.

이장우·장수덕. (1999). 미국 4개 대학의 창업교육 현황과 특징. 벤처경영연구. 2(2).

이재열·박찬웅·한준. (2003). 벤처기업의 구조와 전략·한국사회학. 37(2).

이정수. (2013). 미국 자본시장접근개혁법의 제정과 우리나라에의 시사점. 한국증권법학회.

임채윤 외. (2006). 한국형 벤처생태계 활성화 방안. 과학기술정책연구원.

장병집·김재붕. (2001). 대학문화 정착방향에 관한 연구: 기업문화적 관점에서. 학생생활연

구. 8(1)

장원섭. 외. (2000). 전문대학 창업교육 체계화 방안 연구. 한국직업능력개발원.

장현숙(2014). 청년 창업가가 말하는 대학 창업의 애로사항. Trade Focus. 13(16)

정인혜. (2008). 중국과 미국의 대학 기술 지주회사 사례를 통해 본 기술 상업화 성공 요건. VCPE.

정차근. (2013). 대학 창업 활성화를 위한 대학 창업교육의 현화와 과제. HRD Review.

지용희. (1998). 창업지원제도의 국제비교와 창업활성화 방안. 경영논총. 9.

최종열·정해주. (2011). 벤처창업과 기업가정신. 탑북스.

최종인 외. (2012). 대전지역 벤처기업의 성공사례 분석과 시사점. 한국은행.

최종인·양영석. (2012). 창업교육을 위한 프로그램 개발과제. 벤처창업연구. 7(1).

최종인·박치관. (2013). 대학 창업교육 핵심 성공요인: 미국 대학 사례의 시사점. 벤처창업연구. 8(3).

한국개발연구원. (1987). 중소기업창업지원제도와 그 발전방향. 한국개발연구원.

한길석. (2007). 창업교육 체계화 방안에 관한연구. 경영교육연구. 47.

한정화. (2010). 벤처창업과 경영전략. 홍문사.

허정국. (2000). 우리나라 창업교육의 실태와 체계화 방안에 관한 연구. 경남대학교 미출판 석사학위논문.

홍성범. (2012). 중국의 대학생 과학기술창업과 정책지원. 과학기술정책. 22(1).

홍성범. 외. (2003). 해외 신흥 혁신클러스터의 특성 및 성장요인. 과학기술정책연구원.

황보윤·이일한. (2012). 창업 및 창업문화 확산을 위한 창업대학원 역할에 관한 탐색적 연구: 창업비지니스센터의 역할을 중심으로. 벤처창업연구. 7(2)

정부 발간물

18대 대통령직인수위원회. (2013). 박근혜정부 국정비전 및 국정목표.

관계부처 합동. (2013). 창조경제 실현계획: 창조경제 생태계 조성 방안.

고용노동부. (2013). 대학생 창입활동 및 상업시원세도 현황 분석.

교육과학기술부. (2011). 대학 창업교육 및 창업문화 활성화방안. 교육과학기술부 산학협력관 취업지원.

교육부·미래창조과학부·중소기업청. (2013). 대학 창업교육 5개년 계획(2013-2017).

중소기업청·중소기업중앙회. (2010). 2009년 신설법인 창업유형 조사결과.

중소기업청·창업진흥원. (2011). 2011년 창업기업 실태조사 결과 보고서.

중소기업청. (1999). 벤처기업에 대한 실태조사 결과.

중소기업청. (2010). 창업지원체계 선진화방안 연구·중소기업청 정책연구.

중소기업청. (2012). 2012년도 창업지원사업.

중소기업청. (2012). 대학 창업 올해가 적기입니다. 2012년 대학 창업정책 안내. 중소기업청.

창업진흥원 외 (2014). 미국 대학생 창업인프라 심층 조사.

웹페이지

기술보증기금. (2012). 기보개요. http://www.kibo.or.kr/src/about/kebe100.asp

중소기업청. (2012). 실패 기업인 재창업자금지원. http://www.smba.go.kr/smba.tdf?a=
user.kor.policy.RegulationApp&c =2005&seq=95&mc=SMBA_POLICY_70&lclas
Id=G00000&brd_id=12AC

국외 문헌

논문 및 보고서

Bailetti. (2011). Fostering student entrepreneurship and university spinoff companies. Technology Innovation Management Review.

Clayton, G. (1989). Entrepreneurial Education at the Posts econdary Level. Paper presented at the Annal Confer ence of the International Council for Small Business Canada.

Cohen, A. et al., (1994). Entrepreneurship Training in American Community Colleges. Center for the Study of Community Colleges.

Crant, J. M. (1996). The proactive personality scale as a predictor of entrepreneurial intentions. Journal of Small Business Management. 34(3).

Dansk Fonden for Entrepren ø rskab. (2011). Start Up Programme.

Donna, J. Kelley. et al., (2011). 2011 Global Report. Global Entrepreneurs hip monitor.

Drucker, P. F. (1985). Innovation and Entrepreneurship Practice and Principles. Harper & Row.

Eurydice. (2012). Entrepreneurship Education at School in Europe National Strategies·Curricula and Learning Outcomes. Education·Audiovisual and Culture Executive Agency.

Fischer, M. M, et al., (1988). The Role of Small Firms for Regional Revitalization. The Annals of Regional Science. 22.

Gnyawali, D. R. et al., (1994). Environment for entrepreneurship development key dimensions and research implications. Entrepreneurship Theory and Practice. 18(4).

Gregorio. et al., (2003). Why do some universities generate more start-ups than others?. Research Policy. 32.

Hodgetts, R. M. et al., (1998). Effective Small Business. The Dryden Press.

INSEE. (2012). Moins de creations d'entreprises individuelles en 2011. Kauffman Foundation. http://www.kauffman.org Journal of Business Venturing. 20.

Keeble, D. et al., (1986). Introduction. In Keeble D. and Wever E. (eds). New firms and regional development in Europe.

Kingon, A. et al., (2001). An Integrated Approach to Teaching High Technology Entrepreneurship at the Graduate Level·Proceedings of the 2001 American Society for Engineering Education. Annual Conference & Exposition.

Krueger, N. F. et al., (1993). Entrepreneurial intentions: Applying the theory of planned behavior. Entrepreneurship and Regional Development. 5(3).

M.Peneder. (2006). The meaning of entrepreneurship: towards a modularconcept. WIFO.

Ministry for Science·Technology and Innovation. (2010). Strategy for Education and Training in Entrepreneurship.

Naffziger, D. W. et al., (1994). A proposed research model of entrepreneurial motivation. Entrepreneurship Theory and Practice. 18(3).

OECD. (2009). Universities·Innovation and Entrepreneurship.

OECD. (2010). From Strategy to practice in University Entrepreneurship Support.

OECD. (2013). Start-up Latin America: Promoting Innovation in the Region.

Pascale, R. T. et al., (1981). The Art of Japanese Management. Penguin Books.

Powers. (2005). University start-up formation and technology licensing with firms that go public: a resource-based view of academic entrepreneurship.

Reynolds, P. D. (1991). Sociology and entrepreneurship: concepts and contributions. Entrepreneurship Theory and Practice. 16(2).

SBA. (2009). The Small Business Economy: A Report to the President. The U.S. Small Business Administration.

Schumpeter, J. (1934). The Theory of Economic Development. Cambridge·Mass: Harvard University Press

Shapero, A. (1981). Social dimensions of entrepreneurship·In C. Kent·D. Sexton an K. Vesper·eds. The encyclopedia of entrepreneurship·Englewood Cliffs: Prentice-Hall·72-90.

Shapero, A. et al.. (1992). The social dimensions of entrepreneurship·In C.A. Kent·D.L. Sexton·& K.H Vesper(eds)·Encyclopedia of entrepreneurship· Englewood Cliffs·NJ·PracticeHall.

SBA. (2013). Guide to SBA Programs.

The White House. (2011). White House to Launch "Startup America.

Timmons, J. A. et al., (1985). New Venture Creation. Homewood·IL: Richard D. Irwin.

U.S. Department of Commerce. (DOC). (2013).

UK Department of Culture·Media and Sport & Creative Industries Taskforce. (1998). Creative Industries 1998: Mapping Documents. London·UK: DCMS

United States Government Publishing Office. (GPO). (2012). Jumpstart Our Business Startups Act.

Veciana, J. M. et al., (2005). University students' attitudes towards entrepreneurship: a two countries comparison·International entrepreneurship and management Journal. 1.

Vigo. (2013). The Vigo Programme Mid-Term Evaluation.

Zoltan. J. Acs. et al., (2004). Global Entrepreneuship Monitor: 2004 Executive Report·Babson College and London Business School.

웹페이지

Babson college. http://www.babson.edu/undergraduate/academics/curriculum

BI-NET. (2012). 니즈 맞춤형 지원트랙. http://www.bi.go.kr/incubate/ support/ needs.do.

Block.Joern and Sandner.Philipp(2006). The Effect of Motivation on Self-Employment Duration in Germany: Necessity versus Opportunity Entrepreneurs. MPRA. 215. http://mpra.ub.uni-muenchen.de/215/

Bureau of Labor Statistics·Entrepreneurship and the U.S. Economy. http://www. bls.gov

BusinessUSA. http://business.usa.gov/

New york Times(2012.10.4.)·Japan's New Tech Generation. http://www.nytimes. com/2012/10/04/technology/a-new-tech-generati on-efies-the-odds-in-japan.html

Timmons·J. (1994). New Venture Creation. Irwin ·Burr Ridge. U.S. Small Business Administration. http://www.sba.gov/sba-learning-center Wharton SBDC. http://whartonsbdc.wharton.upenn.edu

복준영

- 現) 신구대학교 글로벌경영과 교수, 경영학 박사(마케팅전공)
- 現) 한국외식산업정책학회 사무국장 및 정보시스템감사통제협회 이사
- 前) 풀무원ECMD미래전략실장 겸 밸류인 대표이사
- 前) CJ푸드빌 복합화 본부장, 삼성물산 수석 그룹장
- 前) SK텔레콤 마케팅전략 부장
   CJ제일제당 식물나라 브랜드, SK텔레콤 TTL, UTO, 월드컵 붉은악마 캠페인, 세계최초 인공지능 서비스 1mm, SK텔레콤 로밍서비스 국가별 통합요금제, CJ foodworld 및 국내외 54곳 상업시설 융·복합화, 중국 북경역 한국브랜드무역종합전시관 개관 및 프랜차이즈 外 다수.
- 핵심 실무 중심 마케팅 관리론, 마케팅실무자가 꼭 알아야 할 101가지, 세상에서 가장 재미있는 마케팅이야기, 콜럼버스 마케팅 등 저술 外 서비스경영학회, 외식경영학회 등 다수 논문 등재

이지훈

한양대 경영학 박사

- 한국창업진흥원, 선임연구원
- (재)한국게임산업진흥원, 선임연구원
- (재)충청남도경제진흥원, 자문위원
- (재)충남테크노파크, 자문전문위원
- IT CNS, 고문
- T&T GOOD TERMS Co., Ltd., 주임연구원
- 계명대학교, 경북대학교, 청운대학교 교수
- 용인시디지털산업진흥원, 마케팅전문위원 (현)
- 충청남도, 지역개발조정위원회 위원 (현)
- 충청북도, 무형문화재위원회 전문위원 (현)
- 컨텐츠(Contents), 대표 (현)
- 서원대학교, 교수 (현)